"十四五"职业教育国家规划教材

21世纪会计专业主干课程教材



Simulated Practical Training for Enterprise Accounting

# 企业会计模拟实训教程

## （综合实训）

第十版

刘雪清　范颖茜　主　编
修萍萍　王　洋　副主编

东北财经大学出版社
Dongbei University of Finance & Economics Press
大连

**图书在版编目（CIP）数据**

企业会计模拟实训教程（综合实训）/ 刘雪清，范颖茜主编．—10 版．—大连：东北财经大学出版社，2024.8（2025.12 重印）．—（21 世纪会计专业主干课程教材）．

ISBN 978-7-5654-5283-3

Ⅰ．F275.2

中国国家版本馆 CIP 数据核字第 2024FD3259 号

东北财经大学出版社出版

（大连市黑石礁尖山街 217 号　邮政编码　116025）

网　　址：http://www.dufep.cn

读者信箱：dufep@dufe.edu.cn

大连金华光彩色印刷有限公司印刷　东北财经大学出版社发行

幅面尺寸：205mm×285mm　字数：316 千字　印张：15.5　插页：1

2024 年 8 月第 10 版　2025 年 12 月第 2 次印刷

责任编辑：包利华　刘贤恩　李　丹　责任校对：赵　楠

封面设计：原　皓　版式设计：原　皓

定价：49.00 元

教学支持　售后服务　联系电话：（0411）84710309



如有印装质量问题，请联系营销部：（0411）84710711

# 第十版前言

《企业会计模拟实训教程（综合实训）》自2002年3月问世以来，受到全国各地教材使用院校师生的一致好评，并有幸连续获评普通高等教育“十一五”国家级规划教材、“十二五”职业教育国家规划教材、“十三五”职业教育国家规划教材和“十四五”职业教育国家规划教材。再次感谢教材选用方的大力支持和信任。为了进一步提升教材质量，我们于2023年10月开始对第九版教材进行修订，经过作者与出版社半年多的反复打磨和沟通，现已修订完成。

党的二十大报告中对于“实施科教兴国战略，强化现代化建设人才支撑”进行了详细丰富、深刻完整的论述。职业教育与经济社会发展紧密相连，对促进就业创业、助力科技创新、增进人民福祉具有重要意义。其中，深化“产教融合”是现代职业教育体系改革的主线，产教融合体制机制的创新实践是现代职业教育的核心。教材建设是贯彻党的二十大的决策部署，落实教育部相关政策文件的重要举措。本着上述精神，我们对本次教材的修订进行了全新的探索。

本次修订的主要方向和内容包括以下四个方面：

### 1. 将财经职业道德价值观融入教材中，弘扬“爱岗敬业”的精神

学习和践行党的二十大精神，重在贯彻，重在落实。作为培养财经领域人才的院校，首先要让学生树立增强敬业意识、坚守职业道德、胜任专业岗位等观念。因此，我们将教学和实务工作中的场景及思政教育，以“师生讨论”方式呈现在教材中，其目的是帮助学生在理解和掌握专业知识的同时，注重遵守职业道德、承担社会责任和履行社会义务，学会思考并坚守会计人员的职业操守。

### 2. 将新技术、新规范及时扩增到教材中，实现“产教融合”的落地

为了让学生在校期间尽快适应会计工作岗位的工作要求，充分地将理论与实务、产与教进行有机结合，我们在深入调研的基础上，对最新的会计技术和规范进行了补充，如更新了“增值税发票”，将最新版的“数电票”（即全面数字化电子发票）呈现在教材中。其目的是在保证知识体系的完整性和操作技能实用性的基础上，使教学与实务密切结合，相互支持，相互促进，打造课堂与会计实务工作岗位浑然一体的教学模式。

### 3. 将学科新动向体现在教材中，传承“工匠精神”

工匠精神是职业道德、职业能力、职业品质的体现。我们认为经过教师的研发，呈现给学生一本优质教材，同样是“工匠精神”的体现。经过前九版的使用和反馈，我们再一次对全书的细节部分进行了全面的梳理和修订，包括会计资料中的原始凭证、记账凭证、总账、明细账和会计报表，同时及时跟进最新会计准则的变化，如为了保证业务的完整性，在会计资料中增加了企业与银行对账的业务；为了保证经济业务的合理性，对职工薪酬部分的数据进行了调整；为了保证参考答案的准确性，对其作了较全面的更新等。

### 4. 将实现数字化的内容嵌入教材中，引入“数字赋能”技术

在数智化时代背景下，数字赋能已成为各行各业的关键词，它不仅改变了人们的生活方式和工作方式，而且对经济社会产生了深远的影响。作为这个时代的职业教育国家规划教材，必须将这种高效的数字技术和数据资源引入教材中。为此，我们在修订中将会计资料初步实现了数字化，运用会计软

件，完成从手工会计到数字化会计的无缝对接。

本次修订后的教材，适合初级、中级和高级等不同层次的教学，各院校可以结合教学进度，选用不同的部分。如在学习完“财务会计”课程后，可以选用实训一部分，进行手工会计操作；在学习完“会计信息系统”课程后，可以选用实训二部分，进行会计信息化操作；如果在毕业前开设“会计综合实训”课程，可以将实训一和实训二两个部分组合教学，效果更佳。

本教材的修订工作十分烦琐，往往是牵一发而动全身，所以，在修订中，全体编写人员本着精益求精的态度，做了大量的核对、验算工作。

本次教材修订分工如下：东北财经大学刘雪清教授任第一主编，并负责整体修订方案的制订与修订工作的审核；辽东学院范颖茜副教授任第二主编，具体负责实训一的修订工作；辽东学院修萍萍讲师、会计师任第一副主编，具体负责实训二的修订工作；致同会计师事务所（特殊普通合伙）辽宁分所王洋会计师、税务师任第二副主编，负责场景教学部分的修订工作。丹东东方测控集团的王爱军总会计师为本次教材修订提供了相关的专业指导，在此表示感谢。

由于实训教材的特殊性，教材的更新要求比其他教材更高，因而也可能会带来一些问题，希望您在支持本教材的同时，多提宝贵意见和建议。

具体联系方式如下：

电话：0411-84711800

邮箱：184510119@qq.com

或者QQ扫描下方二维码，与我们取得联系：

教师扫一扫　　学生扫一扫

再次感谢多年来选用我们教材的广大师生！

编　者

2024年8月

# 目录

# 会计人员职业道德规范

一、坚持诚信，守法奉公。牢固树立诚信理念，以诚立身、以信立业，严于律己、心存敬畏。学法知法守法，公私分明、克己奉公，树立良好职业形象，维护会计行业声誉。

二、坚持准则，守责敬业。严格执行准则制度，保证会计信息真实完整。勤勉尽责、爱岗敬业，忠于职守、敢于斗争，自觉抵制会计造假行为，维护国家财经纪律和经济秩序。

三、坚持学习，守正创新。始终秉持专业精神，勤于学习、锐意进取，持续提升会计专业能力。不断适应新形势新要求，与时俱进、开拓创新，努力推动会计事业高质量发展。

# 实训一 企业会计综合模拟实训

**背景资料：**

学校名称：南海高等职业技术学院　大数据与会计专业

开课时间：第六学期　大三学生　学时：60课时

课程名称：会计综合模拟实训

实训老师：汪洋

实训学生：30人

**场景一：**

时间：周一 第一节

地点：会计模拟实训室A101

教师：汪洋

同学们：通过近三年的学习，你们已经学习十几门会计专业课程。在毕业前最后一个阶段，为了让同学们对所学专业知识有全局性的理解和掌握，本学期开设“会计综合模拟实训”课程。请同学们打开教材，先来了解一下教材的内容。我们选用的这本东北财经大学出版社的《企业会计模拟实训教程（综合实训）》教材从2002年第一版出版发行到现在，已经修订更新至第十版，连续获评普通高等教育“十一五”国家级规划教材和“十二五”、“十三五”、“十四五”职业教育国家规划教材。

教材内容为光华机床有限责任公司一个月（2023年12月份）的经济业务和会计核算资料，让同学们从识别原始凭证开始，到编制记账凭证、登记账簿、成本计算、年终结转及最终编制会计报表，同时可以根据教材给出的业务资料使用财务软件进行会计信息化的模拟实训。

下面请同学们就这门课程及教材提出相关问题。

**同学A**

老师，现在的会计已经全部实现了会计信息化，计算机已替代了手工记账，我们为什么还要开设这门以手工操作为主的会计课程？

**汪洋老师**

这个问题非常好。随着我国会计信息化的推进，现阶段绝大多数企业已经实现了会计信息化。编制记账凭证、登记账簿、编制会计报表等工作完全可以通过计算机实现。但是，作为大数据与会计专业的学生，我们不仅要会应用计算机技术实现会计的信息化，更要从根本上学习和掌握会计工作的流程和原理。如果大家只看到会计的核算结果，而不清楚会计数据生成的全过程，知其然，不知其所以然，就好比“无源之水，无本之木”。如果没有扎实的会计原理和会计流程作为理论基础，将来不可能胜任本职工作。

同理，我们今天的幸福生活是先辈们用生命和鲜血换来的。青年的一代只有了解中国共产党的发展史，才能珍惜当下，才能有一份责任和担当。所以，我们做任何事情都要始终保持“坚守初心”，脚踏实地，一步一个脚印，而不是好高骛远、急功近利。

同学B

现在会计正在向数字化转型，是不是意味着会计岗位需要的人越来越少，我们职业院校的毕业生就业前景不够乐观？

汪洋老师

会计实现数字化是大势所趋。但是，任何时候会计人员在企业、单位的地位和作用都是不可或缺的。由于互联网的广泛应用，一些基础的工作不再需要人工完成，随之而来的是高端会计人才需求量的加大。所以，我们要从现在开始规划好自己的职业生涯，树立终身学习的理念。特别是现阶段我国大力发展职业教育的政策，已经明确职业教育体系中增加本科、研究生、博士的层次，所以，现在打好基础，你们未来将大有作为。

2019年1月国务院颁发的《国家职业教育改革实施方案》中明确指出："职业教育与普通教育是两种不同教育类型，具有同等重要地位。"

2021年4月12日至13日，全国职业教育大会在北京召开。习近平总书记对我国的职业教育工作作出重要指示，强调："在全面建设社会主义现代化国家新征程中，职业教育前途广阔、大有可为。"

2022年10月16日，习近平总书记在党的二十大报告中提出的"加快建设国家战略人才力量，努力培养造就更多大师、战略科学家、一流科技领军人才和创新团队、青年科技人才、卓越工程师、大国工匠、高技能人才"，让我们感到祖国对你们青年一代的殷切希望。未来国家要培养更多高素质技术技能型人才、能工巧匠、大国工匠。弘扬工匠精神，提高技术技能型人才社会地位，为全面建设社会主义现代化国家、实现中华民族伟大复兴的中国梦提供有力的人才和技能支撑。

## 一 模拟实训目的

1.本实训旨在通过对企业会计模拟实训的操作，使学生系统地掌握企业会计核算的全过程，从而加强对所学会计理论和知识的理解与认识，完成从理论到实践的认知过程。

2.本实训的内容涵盖了会计操作的全部基本技能——从建账、填制和审核原始凭证及记账凭证到登记账簿；从日常会计核算、成本计算到编制会计报告、年终结账。本实训无疑是对每一个学生所学会计专业知识技能的一次综合检验。

3.全部实训突出综合性、完整性、超前性和系统性。以一个模拟企业的特定会计期间为范畴，将经济业务的来龙去脉与企业的生产经营有机地结合起来；以制造业企业为背景，将企业经济业务发生的前瞻性与市场经济的变化相配套，开阔学生的视野，增进学生对社会、企业的了解和认识，为学生进入社会后从事财会工作起到先导作用。

## 二 模拟实训企业简介

### （一）基本情况

企业名称：光华机床有限责任公司

法定代表人：王兴海

注册资金：920万元

经营地址：滨江市兴安区锦江路85号

经营范围：生产、销售机床等系列产品

电话：0415-36890451

微课

实训总体介绍

纳税人识别号：91210600603882153F
纳税人资格类别：增值税一般纳税人
开户行：中国工商银行滨江兴安支行
账号：83852674
银行预留印鉴：

## （二）财务部门的设置及人员分工（见表1-1）

表 1-1　财务部门的设置及人员分工

| 姓　　名 | 手工账分工 |
| --- | --- |
| 高林（财务科长） | 审核 |
| 于波 | 稽核、总账、报表 |
| 陈晓艺 | 出纳 |
| 金迪 | 制单 |
| 张昌江 | 材料、成本 |
| 高国有 | 固定资产、职工薪酬、往来等 |

## （三）生产工艺流程和成本计算程序（如图1-1、图1-2所示）

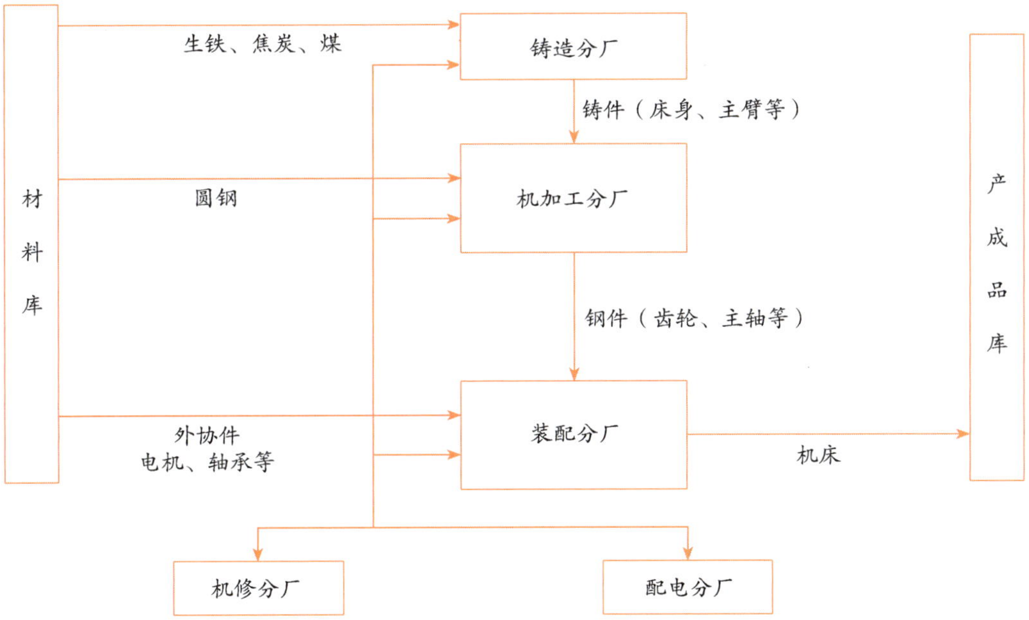


图 1-1　生产工艺流程图

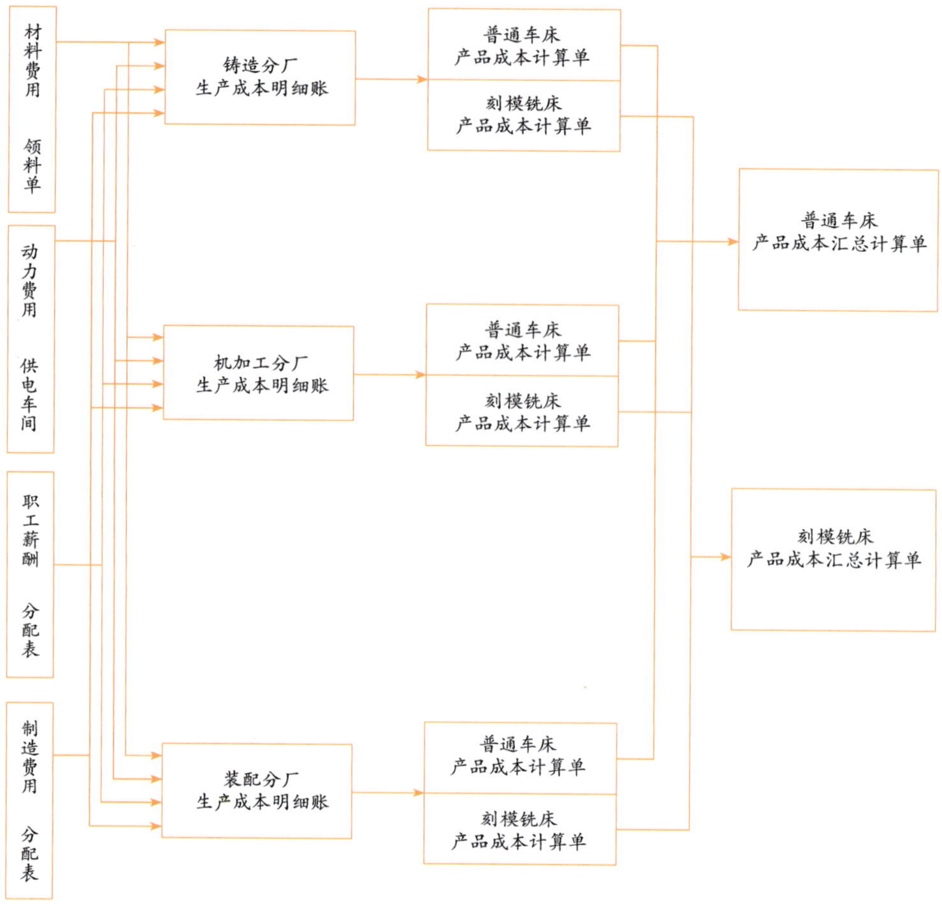


图 1-2　生产费用归集和产品成本计算程序图

该企业设有三个基本生产分厂，即铸造分厂、机加工分厂和装配分厂；设有两个辅助生产分厂，即机修分厂和配电分厂。机修分厂负责对全厂及其设备进行维修，配电分厂负责记录全厂各部门的用电及设备的维修。各分厂均采用公司内部独立核算。

## （四）主要会计政策与核算方法

1.材料核算：材料按计划成本核算，由公司集中采购、保管，并实行账卡分设的管理模式，材料明细账由财务部门的材料核算员登记，月末统一结转发出材料的成本差异，材料成本差异率按材料的主要类别计算，如图1-3所示。

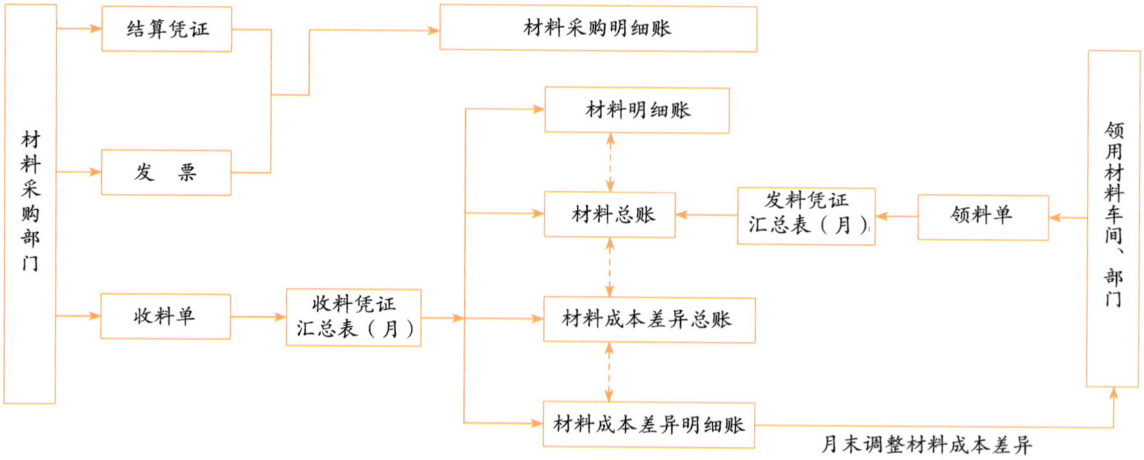


图 1-3　材料采购、验收、领用核算程序图

2.库存商品：产品成本采用平行结转分步法，各分厂只计算应计入全公司最终完工产品的“份额”，最后由公司汇总计算出完工产品的总成本和单位成本。月末统一结转销售成本，销售成本的结转采用月末一次加权平均法。

3.固定资产：折旧方法采用平均年限法。

4.坏账准备：按账龄分析法计提坏账准备，只计提应收账款坏账准备。

5.应付职工薪酬：发生的职工工资、社会保险费、住房公积金和职工福利费等费用，月末统一进行分配。

6.长期股权投资：对滨江市机床附件厂的长期股权投资目前采用成本法进行核算。

7.辅助生产费用的分配：分配方法采用直接分配法。

8.各种分配率的计算：均四舍五入保留至小数点后两位。在成本计算过程中，分配成本的尾差计入刻模铣床的成本。

## 三　模拟实训资料

### （一）有关账户余额（见表1-2、表1-3）

表1-2　2023年12月1日账户余额表　单位：元

| 编号 | 总分类账户 | 明细分类账户 | 借方余额 | 贷方余额 |
|---|---|---|---|---|
| | 资产、成本类 | | | |
| 1001 | 库存现金 | | 20 000 | |
| 1002 | 银行存款 | | 1 616 500 | |
| 1012 | 其他货币资金 | | 324 000 | |
| | | 外埠存款 | 23 000 | |
| | | 银行汇票 | 44 000 | |
| | | 存出投资款 | 257 000 | |
| 1101 | 交易性金融资产 | | 76 500 | |
| | | 成本 | 76 500 | |
| 1121 | 应收票据 | | 79 200 | |
| | | 北方机电公司 | 79 200 | |
| 1122 | 应收账款 | | 800 000 | |
| | | 南方机电公司 | 520 000 | |
| | | 滨江市机床经销公司 | 160 000 | |
| | | 大连重型机械厂 | 120 000 | |
| 1123 | 预付账款 | | 265 500 | |
| | | 鞍山钢铁公司一分厂 | 150 000 | |
| | | 前江轴承厂 | 115 500 | |
| 1131 | 应收股利 | | 136 000 | |
| 1132 | 应收利息 | | 50 000 | |
| 1221 | 其他应收款 | | 12 900 | |
| | | 备用金 | 1 400 | |
| | | 应收职工款项（赵宏） | 1 700 | |
| | | 应收职工款项（李立峰） | 9 800 | |
| 1231 | 坏账准备 | | | 40 000 |
| 1401 | 材料采购 | | 110 000 | |
| | | 外购半成品（轴承） | 110 000 | |

表 1-3

## 损益类账户2023年1—11月累计发生额

单位：元

| 编号 | 损益类账户 | 明细分类账户 | 累计发生额 |
|---|---|---|---|
| 6001 | 主营业务收入 | | **12 800 000.00** |
| | | 普通车床 | 9 801 319.00 |
| | | 刻模铣床 | 2 998 681.00 |
| 6051 | 其他业务收入 | | **300 000.00** |
| | | 租金收入 | 280 000.00 |
| | | 材料收入 | 20 000.00 |
| 6111 | 投资收益 | | **639 345.00** |
| 6301 | 营业外收入 | | **165 000.00** |
| | | 罚没收入 | 200.00 |
| | | 债务重组收入 | 164 800.00 |
| 6401 | 主营业务成本 | | **5 835 700.00** |
| | | 普通车床 | 4 336 360.00 |
| | | 刻模铣床 | 1 499 340.00 |
| 6403 | 税金及附加 | | **163 820.00** |
| | | 城市维护建设税 | 33 085.03 |
| | | 教育费附加 | 14 179.31 |
| | | 地方教育附加 | 9 452.86 |
| | | 城镇土地使用税 | 42 294.81 |
| | | 房产税 | 64 807.99 |
| 6402 | 其他业务成本 | | **31 500.00** |
| | | 出租固定资产 | 31 000.00 |
| | | 销售材料 | 500.00 |
| 6601 | 销售费用 | | **280 000.00** |
| | | 广告费 | 80 000.00 |
| | | 产品质量保证 | 134 356.00 |
| | | 装卸费 | 65 644.00 |
| 6602 | 管理费用 | | **5 383 900.00** |
| | | 职工薪酬 | 2 000 064.00 |
| | | 办公费 | 263 856.00 |
| | | 差旅费 | 326 452.00 |
| | | 折旧费 | 1 477 460.00 |
| | | 业务招待费 | 50 000.00 |
| | | 无形资产摊销 | 49 669.00 |
| | | 保险费 | 300 000.00 |
| | | 其他费用 | 916 399.00 |
| 6603 | 财务费用 | | **211 600.00** |
| | | 利息费用 | 210 915.00 |
| | | 金融机构手续费 | 685.00 |
| 6711 | 营业外支出 | | **479 825.00** |
| | | 债务重组损失 | 1 000.00 |
| | | 处置非流动资产损失 | 435 825.00 |
| | | 罚款支出 | 20 000.00 |
| | | 盘亏损失 | 3 000.00 |
| | | 公益捐赠 | 20 000.00 |
| 6801 | 所得税费用 | | **379 500.00** |

### （二）明细分类账户余额（见表1-4至表1-8）

表1-4　　“生产成本”明细分类账户2023年12月1日余额　　单位：元

| 车间 | 产品名称 | 直接材料 | 直接人工 | 制造费用 | 合　计 |
|---|---|---|---|---|---|
| 铸造分厂 | 普通车床 | 54 600 | 18 240 | 5 160 | 78 000 |
| | 刻模铣床 | 12 900 | 10 830 | 2 230 | 25 960 |
| | 合　计 | 67 500 | 29 070 | 7 390 | 103 960 |
| 机加工分厂 | 普通车床 | 43 680 | 12 540 | 6 180 | 62 400 |
| | 刻模铣床 | 20 040 | 9 690 | 3 670 | 33 400 |
| | 合　计 | 63 720 | 22 230 | 9 850 | 95 800 |
| 装配分厂 | 普通车床 | 59 255 | 11 970 | 13 425 | 84 650 |
| | 刻模铣床 | 24 210 | 8 709 | 7 431 | 40 350 |
| | 合　计 | 83 465 | 20 679 | 20 856 | 125 000 |

表1-5　　“库存商品”明细分类账户2023年12月1日余额

| 产品名称 | 型号 | 结存数量（台） | 单位实际成本（元） | 期初余额（元） |
|---|---|---|---|---|
| 普通车床 | CA6140/1000 | 40 | 24 000 | 960 000 |
| 刻模铣床 | X4222 | 30 | 15 200 | 456 000 |

表 1-6　“原材料”明细账户 2023 年 12 月 1 日余额

| 明细账户及材料名称 | 计量单位 | 结存数量 | 计划单价(元) | 结存金额(元) |
|---|---|---|---|---|
| 原料及主要材料 | | | | **470 000** |
| 生铁 | 吨 | 100 | 2 300.00 | 230 000 |
| 圆钢 | 吨 | 80 | 3 000.00 | 240 000 |
| 燃料 | | | | **17 700** |
| 焦炭 | 吨 | 30 | 470.00 | 14 100 |
| 煤 | 吨 | 20 | 180.00 | 3 600 |
| 外购半成品 | | | | **1 432 800** |
| 电机 Y123M | 台 | 180 | 1 440.00 | 259 200 |
| 电机 AOB25 | 台 | 500 | 260.00 | 130 000 |
| 轴承 D318 | 套 | 1 800 | 350.00 | 630 000 |
| 轴承 D462 | 套 | 2 700 | 138.00 | 372 600 |
| 标准件 | 个 | 2 000 | 20.50 | 41 000 |
| 辅助材料 | | | | **12 482** |
| 油漆 | 千克 | 1 100 | 10.00 | 11 000 |
| 润滑油 | 千克 | 380 | 3.90 | 1 482 |

表 1-7　“周转材料”明细账户 2023 年 12 月 1 日余额

| 明细账户及材料名称 | 计量单位 | 结存数量 | 计划单价（元） | 结存金额（元） |
|---|---|---|---|---|
| 包装物 | | | | **1 200** |
| 包装箱 | 个 | 3 | 400.00 | 1 200 |
| 低值易耗品 | | | | **184 393** |
| 工作服 | 套 | 20 | 35.90 | 718 |
| 劳保鞋 | 双 | 50 | 30.00 | 1 500 |
| 耐热手套 | 副 | 30 | 4.50 | 135 |
| 勾扳手 | 个 | 50 | 4.80 | 240 |
| 法兰盘 | 个 | 100 | 13.50 | 1 350 |
| 螺钉 | 盒 | 30 | 15.00 | 450 |
| 专用工具 | 把 | 4 000 | 45.00 | 180 000 |

表 1-8

## “固定资产”明细账 2023 年 12 月 1 日余额

金额单位：元

| 类别名称 | 固定资产编号 | 固定资产名称 | 使用部门 | 增加方式 | 使用状况 | 使用年限（月） | 开始使用日期 | 原值 | 累计折旧 | 减值准备 | 净残值率 |
|---|---|---|---|---|---|---|---|---|---|---|---|
| 房屋及建筑物 | | | | | | | | 5 646 500.00 | 736 376.00 | 323 391.61 | |
| | 0101 | 铸造分厂厂房 | 铸造分厂 | 在建工程转入 | 在用 | 240 | 2021-05-05 | 900 000.00 | 108 000.00 | | 4.0% |
| | 0102 | 机加工分厂厂房 | 机加工分厂 | 在建工程转入 | 在用 | 240 | 2021-05-05 | 1 000 000.00 | 120 000.00 | | 4.0% |
| | 0103 | 装配分厂厂房 | 装配分厂 | 在建工程转入 | 在用 | 240 | 2021-05-08 | 1 950 000.00 | 234 000.00 | | 4.0% |
| | 0104 | 机修分厂厂房 | 机修分厂 | 在建工程转入 | 在用 | 240 | 2021-05-07 | 130 000.00 | 15 600.00 | | 4.0% |
| | 0105 | 配电分厂厂房 | 配电分厂 | 在建工程转入 | 在用 | 240 | 2021-05-05 | 150 000.00 | 18 000.00 | | 4.0% |
| | 0106 | 厂部用房屋 | 厂办 | 在建工程转入 | 在用 | 240 | 2020-07-05 | 1 400 000.00 | 224 000.00 | 323 391.61 | 4.0% |
| | 0107 | 产成品仓库 | 装配分厂 | 在建工程转入 | 在用 | 240 | 2020-11-05 | 116 500.00 | 16 776.00 | | 4.0% |
| 机器设备 | | | | | | | | 4 429 000.00 | 709 839.00 | | |
| | 0201 | 铸造分厂生产线 | 铸造分厂 | 直接购入 | 在用 | 120 | 2022-04-05 | 435 000.00 | 64 467.00 | | 6.4% |
| | 0202 | 锅炉 | 铸造分厂 | 直接购入 | 在用 | 120 | 2017-11-05 | 85 000.00 | 47 736.00 | | 6.4% |
| | 0203 | 机加工分厂生产线 | 机加工分厂 | 直接购入 | 在用 | 120 | 2022-04-09 | 1 694 000.00 | 251 050.80 | | 6.4% |
| | 0204 | 钻床（大型） | 机加工分厂 | 直接购入 | 在用 | 120 | 2017-07-08 | 87 000.00 | 51 573.60 | | 6.4% |
| | 0205 | 六角车床 | 机加工分厂 | 直接购入 | 在用 | 120 | 2017-07-02 | 19 000.00 | 11 263.20 | | 6.4% |
| | 0206 | 装配分厂生产线 | 装配分厂 | 直接购入 | 经营性出租 | 120 | 2022-04-05 | 750 000.00 | 111 150.00 | | 6.4% |
| | 0207 | 机修分厂生产线 | 机修分厂 | 直接购入 | 在用 | 120 | 2022-04-05 | 120 000.00 | 17 784.00 | | 6.4% |
| | 0208 | 配电分厂生产线 | 配电分厂 | 直接购入 | 在用 | 120 | 2022-03-05 | 200 000.00 | 31 200.00 | | 6.4% |
| | 0209 | 厂部用办公设备 | 厂办 | 直接购入 | 在用 | 120 | 2020-12-05 | 400 000.00 | 109 200.00 | | 6.4% |
| | 0210 | 装配分厂生产线（新） | 装配分厂 | 直接购入 | 在用 | 120 | 2023-10-15 | 600 000.00 | 4 680.00 | | 6.4% |
| | 0211 | 磨齿机 | 机加工分厂 | 直接购入 | 在用 | 120 | 2021-03-05 | 39 000.00 | 9 734.40 | | 6.4% |
| 运输工具 | | | | | | | | 474 500.00 | 276 643.39 | | |
| | 0301 | 轿车 | 厂办 | 直接购入 | 未使用 | 48 | 2021-06-05 | 474 500.00 | 276 643.39 | | 3.5% |
| 电子设备及其他 | | | | | | | | 1 950 000.00 | 1 221 750.00 | | |
| | 0401 | 铸造分厂其他 | 铸造分厂 | 直接购入 | 在用 | 36 | 2021-12-09 | 700 000.00 | 434 700.00 | | 2.8% |
| | 0402 | 机加工分厂其他 | 机加工分厂 | 直接购入 | 在用 | 36 | 2021-12-09 | 850 000.00 | 527 850.00 | | 2.8% |
| | 0403 | 装配分厂其他 | 装配分厂 | 直接购入 | 在用 | 36 | 2021-11-09 | 400 000.00 | 259 200.00 | | 2.8% |

## （三）产量、工时记录

2023年12月份产量记录和产品定额工时资料见表1-9至表1-11。

表1-9 产量记录

CA6140/1000普通车床　　计量单位：台

| 项　目 | 铸造分厂 | 机加工分厂 | 装配分厂 |
|---|---|---|---|
| 月初在产品 | 10 | 15 | 12 |
| 本月投产 | 30 | 30 | 40 |
| 本月完工 | 30 | 40 | 50 |
| 月末在产品 | 10 | 5 | 2 |
| 投料100% | 10 | 5 | 2 |
| 施工50% | 5 | 2.5 | 1 |

表1-10 产量记录

X4222刻模铣床　　计量单位：台

| 项　目 | 铸造分厂 | 机加工分厂 | 装配分厂 |
|---|---|---|---|
| 月初在产品 | 10 | 15 | 10 |
| 本月投产 | 15 | 10 | 15 |
| 本月完工 | 20 | 15 | 20 |
| 月末在产品 | 5 | 10 | 5 |
| 投料100% | 5 | 10 | 5 |
| 施工60% | 3 | 6 | 3 |

表1-11 产品定额工时资料　　计量单位：小时

| 分厂<br>产品 | 铸造分厂 | 机加工分厂 | 装配分厂 |
|---|---|---|---|
| CA6140/1000普通车床 | 3 500 | 5 800 | 4 500 |
| X4222刻模铣床 | 1 500 | 1 200 | 3 000 |
| 合　计 | 5 000 | 7 000 | 7 500 |

## 四　模拟实训要求

（一）根据2023年12月1日的有关账户余额建账。
（二）分析2023年12月份的经济业务并填写部分原始凭证。
（三）依据各项经济业务的有关原始凭证编制记账凭证。
（四）根据记账凭证登记有关的日记账和明细分类账。
（五）每旬汇总编制“汇总记账凭证”（科目汇总表）。
（六）根据“汇总记账凭证”（科目汇总表）登记总分类账。
（七）期末对账并结账。
（八）期末编制资产负债表和利润表。

1

## 电子发票（增值税专用发票）

发票号码：23212000000003406846

开票日期：2023 年 12 月 01 日

全国统一发票监制章 国家税务总局 辽宁省税务局

| | |
|---|---|
| 购买方信息 名称：光华机床有限责任公司<br>统一社会信用代码/纳税人识别号：91210600603882153F | 销售方信息 名称：滨江好又多商业广场有限公司<br>统一社会信用代码/纳税人识别号：91210613MA0W5DD281 |

| 项目名称 | 规格型号 | 单位 | 数量 | 单价 | 金额 | 税率/征收率 | 税额 |
|---|---|---|---|---|---|---|---|
| *计算机配套产品*计算机电源 | UPS830 | 个 | 1 | 265.49 | 265.49 | 13% | 34.51 |
| 合计 | | | | | ¥265.49 | | ¥34.51 |
| 价税合计（大写） | ⊗叁佰元整 | | | | | （小写） | ¥300.00 |
| 备注 | 销售方开户银行：中国工商银行滨江三支行；银行账号：1977672143 | | | | | | |

现金付讫

开票人：赵红

2-1

## 电子发票（增值税专用发票）

发票号码：23212000000003407705

开票日期：2023 年 12 月 01 日

全国统一发票监制章 国家税务总局 辽宁省税务局

| | |
|---|---|
| 购买方信息 名称：长春市机电公司<br>统一社会信用代码/纳税人识别号 912201066977918847 | 销售方信息 名称：光华机床有限责任公司<br>统一社会信用代码/纳税人识别号：91210600603882153F |

| 项目名称 | 规格型号 | 单位 | 数量 | 单价 | 金额 | 税率/征收率 | 税额 |
|---|---|---|---|---|---|---|---|
| *机床*普通车床 | CA6140/1000 | 台 | 10 | 42 300.00 | 423 000.00 | 13% | 54 990.00 |
| 合计 | | | | | ¥423 000.00 | | ¥54 990.00 |
| 价税合计（大写） | ⊗肆拾柒万柒仟玖佰玖拾元整 | | | | | （小写） | ¥477 990.00 |
| 备注 | 销售方开户银行：中国工商银行滨江兴安支行；银行账号：83852674 | | | | | | |

开票人：陈晓艺

微课

销售业务的核算

2-2

## ICBC 中国工商银行　托收凭证（受理回单）　1

委托日期 2023 年 12 月 03 日

| 业务类型 | 委托收款（□邮划、☑电划）　托收承付（□邮划、□电划） | | | | | |
|---|---|---|---|---|---|---|
| 付款人 全称 | 长春市机电公司 | | 收款人 全称 | 光华机床有限责任公司 | | |
| 付款人 账号 | 32563155 | | 收款人 账号 | 83852674 | | |
| 付款人 地址 | 吉林省长春市 | 开户行：中国工商银行自由大路支行 | 收款人 地址 | 辽宁省滨江市 | 开户行：中国工商银行滨江兴安支行 | |
| 托收金额 人民币（大写） | ⊗肆拾捌万壹仟壹佰玖拾元整 | | | 千 百 十 万 千 百 十 元 角 分 | ¥ 4 8 1 1 9 0 0 0 | |
| 款项内容 | 销售货款 | 托收凭据名称 | 发票 | 附寄单证张数 | 2张 | |
| 商品发运情况 | 已发运 | | 合同名称号码 | 851 | | |
| 备注： | 款项收妥日期 | | 收款单位开户银行盖章 | | | |
| 复核 李强　记账 张颖 | 年　月　日 | | 2023 年 12 月 03 日 | | | |

中国工商银行滨江兴安支行 业务专用章 49EEF0B8B006

此联是收款人开户行给收款人的受理回单

2-3

**ICBC 中国工商银行　　通用凭证**

客户账号:83852674
客户中文名:光华机床有限责任公司
收费币种:01—人民币　　费用收费标志:0—收费
合计费用:18.20　　现转标志:1—转账

| 费税名称 | 手续费金额 | 收讫标志 | 欠费金额 |
| --- | --- | --- | --- |
| 托收手续费 | 18.20 | 1—已收讫 | 0.00 |

交易代码:8101　　交易日期:2023/12/01　　交易时间:16:18　　柜员流水号:001561000003
机构号:0133　　交易柜员:001561　　授权柜员:001203
客户签字:张光

（印章：中国工商银行滨江兴安支行 2023.12.01 转讫）

2-4

货物运输服务

**电子发票（增值税专用发票）**

（印章：全国统一发票监制章 国家税务总局 辽宁省税务局）

发票号码：23212000000003483659
开票日期：2023年12月01日

| 购买方信息 | 名称：长春市机电公司<br>统一社会信用代码/纳税人识别号：912201066977918847 | 销售方信息 | 名称：四通运输有限公司<br>统一社会信用代码/纳税人识别号：91210600603597845F |
| --- | --- | --- | --- |

| 项目名称 | 单位 | 数量 | 单价 | 金额 | 税率/征收率 | 税额 |
| --- | --- | --- | --- | --- | --- | --- |
| *运输服务*国内道路货物运输服务 | | | | 2 935.78 | 9% | 264.22 |
| 合计 | | | | ¥2 935.78 | | ¥264.22 |

| 运输工具种类 | 运输工具牌号 | 起运地 | 到达地 | 运输货物名称 |
| --- | --- | --- | --- | --- |
| 公路运输 | 辽F EG223 | 滨江 | 长春 | 车床 |

价税合计（大写）　⊗叁仟贰佰元整　　（小写）¥3 200.00

备注

开票人：李烃玉

2-5

**ICBC 中国工商银行　转账支票存根**

支票号码03789620

附加信息

出票日期：2023年12月01日

| | |
| --- | --- |
| 收 款 人： | 四通运输有限公司 |
| 金　　额： | ¥ 3 200.00 |
| 用　　途： | 运费 |

单位主管：高林　　会计：陈晓艺

（印章：光华机床有限责任公司 财务专用章）

2-6

## 产品出库单

凭证编号：11002

用途：销售 2023年12月01日 产成品库：一号库

| 类别 | 编号 | 名称及规格 | 计量单位 | 数量 | 单位成本 | 总成本 | 附注： |
|---|---|---|---|---|---|---|---|
| | 25001 | 普通车床CA6140I1000 | 台 | 10 | | | |
| | | | | | | | |
| 合计 | | | | | | | |

二 财务留存

记账： 保管：高军辉 检验： 制单：

3-1

## 公益事业捐赠统一票据

辽财政监字第1101号

捐赠人：光华机床有限责任公司 2023年12月02日 No1200106150

| 捐赠项目 | 实物（外币）种类 | 数量 | 千 | 百 | 十 | 万 | 千 | 百 | 十 | 元 | 角 | 分 |
|---|---|---|---|---|---|---|---|---|---|---|---|---|
| 救灾 | 人民币 | | | | | 2 | 5 | 0 | 0 | 0 | 0 | 0 |
| | | | | | | | | | | | | |
| | | | | | | | | | | | | |
| 金额合计（小写） | | | | | ¥ | 2 | 5 | 0 | 0 | 0 | 0 | 0 |
| 金额合计（大写）贰万伍仟元整 | | | | | | | | | | | | |

接受单位（盖章）： 复核人：张苹 开票人：李阳

（印章：全国统一财政票据监制章 辽宁省财政部监制；滨江市慈善总会 财务专用章）

3-2

ICBC 中国工商银行

凭证

## 业务回单（付款）

日期：2023年12月02日
回单编号：193123278123
付款人户名：光华机床有限责任公司
付款人账号：83852674 付款人开户行：中国工商银行滨江兴安支行
收款人户名：滨江市慈善总会
收款人账号：83851155 收款人开户行：中国工商银行滨江兴安支行
金额：贰万伍仟元整 小写：25 000.00元
凭证种类：000000000 凭证号码：0000000000000
摘要：捐赠款 用途： 币种：人民币
交易机构：0060504559 记账柜员：00083 渠道：其他
交易代码：52163

附言：救灾
支付交易序号：10001735 报文种类：汇兑业务 委托日期：2023年12月02日
业务类型（种类）：普通汇兑

本回单为第1次打印：注意重复 打印日期：2023年12月02日

（印章：中国工商银行滨江兴安支行 业务专用章 49EEF0B8B006）

4-1

## 电子发票（增值税专用发票）

全国统一发票监制章　国家税务总局　辽宁省税务局

发票号码：23277880000003405532
开票日期：2023 年 11 月 27 日

| | |
|---|---|
| 购买方信息　名称：光华机床有限责任公司<br>统一社会信用代码/纳税人识别号：91210600603882153F | 销售方信息　名称：鞍山钢铁公司一分厂<br>统一社会信用代码/纳税人识别号：912103002414200143 |

| 项目名称 | 规格型号 | 单位 | 数量 | 单价 | 金额 | 税率/征收率 | 税额 |
|---|---|---|---|---|---|---|---|
| *黑色金属冶炼压延品*圆钢 | 40CrΦ55 | 吨 | 25 | 3 100.00 | 77 500.00 | 13% | 10 075.00 |
| 合计 | | | | | ¥77 500.00 | | ¥10 075.00 |
| 价税合计（大写） | ⊗捌万柒仟伍佰柒拾伍元整 | | | | | （小写） | ¥87 575.00 |
| 备注 | 销售方开户银行：中国工商银行鞍山铁东支行；银行账号：48625915 | | | | | | |

开票人：周冰玉

4-2

## 电子发票（增值税专用发票）

货物运输服务

全国统一发票监制章　国家税务总局　辽宁省税务局

发票号码：23212000000003443687
开票日期：2023 年 12 月 01 日

| | |
|---|---|
| 购买方信息　名称：光华机床有限责任公司<br>统一社会信用代码/纳税人识别号：91210600603882153F | 销售方信息　名称：八达运输有限公司<br>统一社会信用代码/纳税人识别号：91210300603597111F |

| 项目名称 | 单位 | 数量 | 单价 | 金额 | 税率/征收率 | 税额 |
|---|---|---|---|---|---|---|
| *运输服务*国内道路货物运输服务 | | | | 4 650.00 | 9% | 418.50 |
| 合计 | | | | ¥4 650.00 | | ¥418.50 |

| 运输工具种类 | 运输工具牌号 | 起运地 | 到达地 | 运输货物名称 |
|---|---|---|---|---|
| 公路运输 | 辽 C E6260 | 鞍山 | 滨江 | 圆钢 |

价税合计（大写）⊗伍仟零陆拾捌元伍角整　（小写）¥5 068.50

备注：

开票人：李力寻

5-1　所属单位：供应科

## 差旅费报销单

附件 5 张　2023 年 12 月 2 日

| 代表姓名 | 赵宏 | 同行人 | 王宏伟 | 共 2 人 | 审批人 | 高林 | 公出任务 | 采购 | 自 11 月 25 日起 至 12 月 2 日止 | 共 7 天 |
|---|---|---|---|---|---|---|---|---|---|---|

| 出发 | | | | 到达 | | | | 合计 | 高铁 | 卧铺 | 市内车费 | 汽车 | 住宿费 | 其他 | 伙食补助费 | | 通勤费 | |
|---|---|---|---|---|---|---|---|---|---|---|---|---|---|---|---|---|---|---|
| 月 | 日 | 时 | 地点 | 月 | 日 | 时 | 地点 | | | | | | | | 天数 | 金额 | 天数 | 金额 |
| 11 | 25 | | 滨江 | 11 | 26 | | 上海 | 2 100 | 1 610 | | | | | | 7 | 210 | 7 | 280 |
| 12 | 1 | | 上海 | 12 | 2 | | 滨江 | 3 710 | 1 610 | | | | 2 100 | | | | | |
| | | | | | | | | | | | | | | | | | | |
| | | | | | | | | | | | | | | | | | | |
| | | | | | | | | | | | | | | | | | | |
| 合计 | | | | | | | | 5 810 | 3 220 | | | | 2 100 | | | 210 | | 280 |

| 原借款 | 金额 | 交结余或超支金额 | 报销金额 | 人民币（大写）伍仟捌佰壹拾元整 |
|---|---|---|---|---|
| | 1 700.00 | 4 110.00 | | |

现金付讫

负责人：高林　会计：于波　出纳：陈晓艺　经手人：赵宏

微课
差旅费报销业务的核算

5-2

A012145　滨江售

2023年 11 月 25 日 21:11 开　02车 08D 号

二等座

滨　江　G1230 次 上海虹桥

Binjiang　Shanghaihongqiao

¥ 805.00　网

限乘当日当次车

赵　宏

始发改签

2016021985****3120

1001-0300-7306-07F0-4498-8　和谐号

5-3

E096213　滨江售

2023年 11 月 25 日 21:11 开　02车 08F 号

二等座

滨　江　G1230 次 上海虹桥

Binjiang　Shanghaihongqiao

¥ 805.00　网

限乘当日当次车

王宏伟

始发改签

2016021982****2420

1001-0300-7306-07F0-4498-8　和谐号

5-4

L040453　滨江售

2023年 12 月 1 日 17:34 开　05车 02D 号

二等座

上海虹桥　G1232 次 滨　江

Shanghaihongqiao　Binjiang

¥ 805.00　网

限乘当日当次车

赵　宏

始发改签

2016021985****3120

1001-0300-7306-07F0-4498-8　和谐号

5-5

L040789　滨江售

2023年 12 月 1 日 17:34 开　05车 02F 号

二等座

上海虹桥　G1232 次 滨　江

Shanghaihongqiao　Binjiang

¥ 805.00　网

限乘当日当次车

王宏伟

始发改签

2016021982****2420

1001-0300-7306-07F0-4498-8　和谐号

5-6

## 电子发票（增值税专用发票）

（印章：全国统一发票监制章　国家税务总局　上海市税务局）

发票号码：23212000000003749875

开票日期：2023 年 12 月 01 日

| 购买方信息 | 名称：光华机床有限责任公司<br>统一社会信用代码/纳税人识别号：91210600603882153F | 销售方信息 | 名称：全季酒店<br>统一社会信用代码/纳税人识别号：913101045834715248 |
|---|---|---|---|

| 项目名称 | 规格型号 | 单位 | 数量 | 单价 | 金额 | 税率/征收率 | 税额 |
|---|---|---|---|---|---|---|---|
| *住宿服务*住宿服务 | | | 10 | 198.11 | 1 981.13 | 6% | 118.87 |
| 合　计 | | | | | ¥1 981.13 | | ¥118.87 |
| 价税合计（大写） | ⊗贰仟壹佰元整 | | | | | （小写）¥2 100.00 | |
| 备注 | 销售方开户银行：中国工商银行上海城山路支行；银行账号：907148978798489 | | | | | | |

开票人：张强

6-1

## 电子发票（增值税专用发票）

发票号码：23212000000003772256
开票日期：2023年12月01日

| | |
|---|---|
| 购买方信息 名称：光华机床有限责任公司<br>统一社会信用代码/纳税人识别号：91210600603882153F | 销售方信息 名称：中国太平洋保险股份公司<br>统一社会信用代码/纳税人识别号：91210600603597489F |

| 项目名称 | 规格型号 | 单位 | 数量 | 单价 | 金额 | 税率/征收率 | 税额 |
|---|---|---|---|---|---|---|---|
| *保险服务*财产保险服务 | | | | | 60 060.00 | 6% | 3 603.60 |
| 合　计 | | | | | ¥60 060.00 | | ¥3 603.60 |
| 价税合计（大写） | ⊗陆万叁仟陆佰陆拾叁元陆角整 | | | | | （小写） | ¥63 663.60 |
| 备注 | 销售方开户银行：中国建设银行滨江光明路支行；银行账号：45498685 | | | | | | |

开票人：李玉

6-2

ICBC 中国工商银行　转账支票存根

支票号码 03789621

附加信息

出票日期：2023年12月01日

| | |
|---|---|
| 收款人： | 中国太平洋保险股份公司 |
| 金　额： | ¥63 663.60 |
| 用　途： | 财产保险 |

单位主管：高林　　会计：陈晓艺

7-1

## 领料单

领料部门：铸造分厂　　2023年12月02日　　第0846号

| 材料编号 | 材料名称 | 规格 | 单位 | 请领数量 | 实发数量 | 计划价格 单价 | 计划价格 金额 |
|---|---|---|---|---|---|---|---|
| 11001 | 生铁 | | 吨 | 30 | 30 | 2 300.00 | 69 000.00 |
| 用途 | 普通车床 | 领料部门 负责人 | | 领料部门 领料人 | 发料部门 核准人 | | 发料部门 发料人 |
| | | | | 王洪 | | | 张涛江 |

②仓库记账后转财会科

微课 领料的核算

7-2

## 领料单

领料部门：铸造分厂　　2023年12月02日　　第0847号

| 材料编号 | 材料名称 | 规格 | 单位 | 请领数量 | 实发数量 | 计划价格 单价 | 计划价格 金额 |
|---|---|---|---|---|---|---|---|
| 11001 | 生铁 | | 吨 | 8 | 8 | 2 300.00 | 18 400.00 |
| 用途 | 刻模铣床 | 领料部门 负责人 | | 领料部门 领料人 | 发料部门 核准人 | | 发料部门 发料人 |
| | | | | 赵钢 | | | 张涛江 |

②仓库记账后转财会科

7-3

# 领料单

领料部门：铸造分厂　　2023年12月02日　　第 0848 号

| 材料编号 | | 材料名称 | 规　格 | 单位 | 请领数量 | 实发数量 | 计划价格 | |
|---|---|---|---|---|---|---|---|---|
| | | | | | | | 单价 | 金额 |
| 12105 | | 焦炭 | | 吨 | 15 | 15 | 470.00 | 7 050.00 |
| 用　途 | 普通车床 | | 领料部门 | | | 发料部门 | | |
| | | | 负责人 | | 领料人 | 核准人 | | 发料人 |
| | | | | | 刘　伟 | | | 张涛江 |

②仓库记账后转财会科

7-4

# 领料单

领料部门：铸造分厂　　2023年12月02日　　第 0849 号

| 材料编号 | | 材料名称 | 规　格 | 单位 | 请领数量 | 实发数量 | 计划价格 | |
|---|---|---|---|---|---|---|---|---|
| | | | | | | | 单价 | 金额 |
| 12106 | | 煤 | | 吨 | 10 | 10 | 180.00 | 1 800.00 |
| 用　途 | 普通车床 | | 领料部门 | | | 发料部门 | | |
| | | | 负责人 | | 领料人 | 核准人 | | 发料人 |
| | | | | | 刘　伟 | | | 张涛江 |

②仓库记账后转财会科

7-5

# 领料单

领料部门：铸造分厂　　2023年12月02日　　第 0850 号

| 材料编号 | | 材料名称 | 规　格 | 单位 | 请领数量 | 实发数量 | 计划价格 | |
|---|---|---|---|---|---|---|---|---|
| | | | | | | | 单价 | 金额 |
| 12105 | | 焦炭 | | 吨 | 10 | 10 | 470.00 | 4 700.00 |
| 用　途 | 刻模铣床 | | 领料部门 | | | 发料部门 | | |
| | | | 负责人 | | 领料人 | 核准人 | | 发料人 |
| | | | | | 赵　钢 | | | 张涛江 |

②仓库记账后转财会科

7-6

# 领料单

领料部门：铸造分厂　　2023年12月02日　　第 0851 号

| 材料编号 | | 材料名称 | 规　格 | 单位 | 请领数量 | 实发数量 | 计划价格 | |
|---|---|---|---|---|---|---|---|---|
| | | | | | | | 单价 | 金额 |
| 12106 | | 煤 | | 吨 | 5 | 5 | 180.00 | 900.00 |
| 用　途 | 刻模铣床 | | 领料部门 | | | 发料部门 | | |
| | | | 负责人 | | 领料人 | 核准人 | | 发料人 |
| | | | | | 赵　钢 | | | 张涛江 |

②仓库记账后转财会科

7-7

## 领料单

领料部门：机加工分厂　　2023年12月02日　　第0852号

| 材料编号 | 材料名称 | 规格 | 单位 | 请领数量 | 实发数量 | 计划价格 | |
|---|---|---|---|---|---|---|---|
| | | | | | | 单价 | 金额 |
| 16001 | 润滑油 | | 千克 | 20 | 20 | 3.90 | 78.00 |
| 用途 | 刻模铣床 | 领料部门 | | | 发料部门 | | |
| | | 负责人 | | 领料人 | 核准人 | | 发料人 |
| | | | | 姜　文 | | | 宋　波 |

②仓库记账后转财会科

7-8

## 领料单

领料部门：机加工分厂　　2023年12月02日　　第0853号

| 材料编号 | 材料名称 | 规格 | 单位 | 请领数量 | 实发数量 | 计划价格 | |
|---|---|---|---|---|---|---|---|
| | | | | | | 单价 | 金额 |
| 15405 | 圆钢 | | 吨 | 15 | 15 | 3 000.00 | 45 000.00 |
| 用途 | 普通车床 | 领料部门 | | | 发料部门 | | |
| | | 负责人 | | 领料人 | 核准人 | | 发料人 |
| | | | | 杨　旭 | | | 宋　波 |

②仓库记账后转财会科

7-9

## 领料单

领料部门：机加工分厂　　2023年12月02日　　第0854号

| 材料编号 | 材料名称 | 规格 | 单位 | 请领数量 | 实发数量 | 计划价格 | |
|---|---|---|---|---|---|---|---|
| | | | | | | 单价 | 金额 |
| 15405 | 圆钢 | | 吨 | 6 | 6 | 3 000.00 | 18 000.00 |
| 用途 | 刻模铣床 | 领料部门 | | | 发料部门 | | |
| | | 负责人 | | 领料人 | 核准人 | | 发料人 |
| | | | | 王　力 | | | 宋　波 |

②仓库记账后转财会科

7-10

## 领料单

领料部门：机加工分厂　　2023年12月02日　　第0855号

| 材料编号 | 材料名称 | 规格 | 单位 | 请领数量 | 实发数量 | 计划价格 | |
|---|---|---|---|---|---|---|---|
| | | | | | | 单价 | 金额 |
| 16001 | 润滑油 | | 千克 | 50 | 50 | 3.90 | 195.00 |
| 用途 | 普通车床 | 领料部门 | | | 发料部门 | | |
| | | 负责人 | | 领料人 | 核准人 | | 发料人 |
| | | | | 杨　旭 | | | 宋　波 |

②仓库记账后转财会科

7-11

## 领料单

领料部门：装配分厂　　2023年12月02日　　第0856号

| 材料编号 | 材料名称 | 规格 | 单位 | 请领数量 | 实发数量 | 计划价格 | |
|---|---|---|---|---|---|---|---|
| | | | | | | 单价 | 金额 |
| 13114 | 电机 | Y123M | 台 | 10 | 10 | 1 440.00 | 14 400.00 |
| 用途 | 刻模铣床 | 领料部门 | | 发料部门 | | | |
| | | 负责人 | 领料人 | 核准人 | 发料人 | | |
| | | | 李娜 | | 宋波 | | |

②仓库记账后转财会科

7-12

## 领料单

领料部门：装配分厂　　2023年12月02日　　第0857号

| 材料编号 | 材料名称 | 规格 | 单位 | 请领数量 | 实发数量 | 计划价格 | |
|---|---|---|---|---|---|---|---|
| | | | | | | 单价 | 金额 |
| 13115 | 电机 | AOB25 | 台 | 50 | 50 | 260.00 | 13 000.00 |
| 用途 | 刻模铣床 | 领料部门 | | 发料部门 | | | |
| | | 负责人 | 领料人 | 核准人 | 发料人 | | |
| | | | 李娜 | | 宋波 | | |

②仓库记账后转财会科

7-13

## 领料单

领料部门：装配分厂　　2023年12月02日　　第0858号

| 材料编号 | 材料名称 | 规格 | 单位 | 请领数量 | 实发数量 | 计划价格 | |
|---|---|---|---|---|---|---|---|
| | | | | | | 单价 | 金额 |
| 13114 | 电机 | Y123M | 台 | 30 | 30 | 1 440.00 | 43 200.00 |
| 用途 | 普通车床 | 领料部门 | | 发料部门 | | | |
| | | 负责人 | 领料人 | 核准人 | 发料人 | | |
| | | | 梁青 | | 宋波 | | |

②仓库记账后转财会科

7-14

## 领料单

领料部门：装配分厂　　2023年12月02日　　第0859号

| 材料编号 | 材料名称 | 规格 | 单位 | 请领数量 | 实发数量 | 计划价格 | |
|---|---|---|---|---|---|---|---|
| | | | | | | 单价 | 金额 |
| 13115 | 电机 | AOB25 | 台 | 100 | 100 | 260.00 | 26 000.00 |
| 用途 | 普通车床 | 领料部门 | | 发料部门 | | | |
| | | 负责人 | 领料人 | 核准人 | 发料人 | | |
| | | | 梁青 | | 宋波 | | |

②仓库记账后转财会科

7-15

## 领料单

领料部门：装配分厂　　2023年12月02日　　第0860号

<table>
<tr><td rowspan="2">材料编号</td><td rowspan="2">材料名称</td><td rowspan="2">规格</td><td rowspan="2">单位</td><td rowspan="2">请领数量</td><td rowspan="2">实发数量</td><td colspan="2">计划价格</td></tr>
<tr><td>单价</td><td>金额</td></tr>
<tr><td>15002</td><td>轴承</td><td>D318</td><td>套</td><td>50</td><td>50</td><td>350.00</td><td>17 500.00</td></tr>
<tr><td rowspan="3">用途</td><td rowspan="3">普通车床</td><td colspan="3">领料部门</td><td colspan="3">发料部门</td></tr>
<tr><td colspan="2">负责人</td><td>领料人</td><td colspan="2">核准人</td><td>发料人</td></tr>
<tr><td colspan="2"></td><td>赵　军</td><td colspan="2"></td><td>张涛江</td></tr>
</table>

②仓库记账后转财会科

7-16

## 领料单

领料部门：装配分厂　　2023年12月02日　　第0861号

<table>
<tr><td rowspan="2">材料编号</td><td rowspan="2">材料名称</td><td rowspan="2">规格</td><td rowspan="2">单位</td><td rowspan="2">请领数量</td><td rowspan="2">实发数量</td><td colspan="2">计划价格</td></tr>
<tr><td>单价</td><td>金额</td></tr>
<tr><td>15003</td><td>轴承</td><td>D462</td><td>套</td><td>200</td><td>200</td><td>138.00</td><td>27 600.00</td></tr>
<tr><td rowspan="3">用途</td><td rowspan="3">普通车床</td><td colspan="3">领料部门</td><td colspan="3">发料部门</td></tr>
<tr><td colspan="2">负责人</td><td>领料人</td><td colspan="2">核准人</td><td>发料人</td></tr>
<tr><td colspan="2"></td><td>赵　军</td><td colspan="2"></td><td>张涛江</td></tr>
</table>

②仓库记账后转财会科

7-17

## 领料单

领料部门：装配分厂　　2023年12月02日　　第0862号

<table>
<tr><td rowspan="2">材料编号</td><td rowspan="2">材料名称</td><td rowspan="2">规格</td><td rowspan="2">单位</td><td rowspan="2">请领数量</td><td rowspan="2">实发数量</td><td colspan="2">计划价格</td></tr>
<tr><td>单价</td><td>金额</td></tr>
<tr><td>15002</td><td>轴承</td><td>D318</td><td>套</td><td>20</td><td>20</td><td>350.00</td><td>7 000.00</td></tr>
<tr><td rowspan="3">用途</td><td rowspan="3">刻模铣床</td><td colspan="3">领料部门</td><td colspan="3">发料部门</td></tr>
<tr><td colspan="2">负责人</td><td>领料人</td><td colspan="2">核准人</td><td>发料人</td></tr>
<tr><td colspan="2"></td><td>赵　岩</td><td colspan="2"></td><td>宋　波</td></tr>
</table>

②仓库记账后转财会科

7-18

## 领料单

领料部门：装配分厂　　2023年12月02日　　第0863号

<table>
<tr><td rowspan="2">材料编号</td><td rowspan="2">材料名称</td><td rowspan="2">规格</td><td rowspan="2">单位</td><td rowspan="2">请领数量</td><td rowspan="2">实发数量</td><td colspan="2">计划价格</td></tr>
<tr><td>单价</td><td>金额</td></tr>
<tr><td>15003</td><td>轴承</td><td>D462</td><td>套</td><td>10</td><td>10</td><td>138.00</td><td>1 380.00</td></tr>
<tr><td rowspan="3">用途</td><td rowspan="3">刻模铣床</td><td colspan="3">领料部门</td><td colspan="3">发料部门</td></tr>
<tr><td colspan="2">负责人</td><td>领料人</td><td colspan="2">核准人</td><td>发料人</td></tr>
<tr><td colspan="2"></td><td>赵　岩</td><td colspan="2"></td><td>宋　波</td></tr>
</table>

②仓库记账后转财会科

7-19

## 领料单

领料部门：装配分厂　　2023年12月02日　　第0864号

| 材料编号 | 材料名称 | 规　格 | 单位 | 请领数量 | 实发数量 | 计划价格 | |
|---|---|---|---|---|---|---|---|
| | | | | | | 单价 | 金额 |
| 17001 | 标准件 | | 个 | 300 | 300 | 20.50 | 6 150.00 |
| 用　途 | 普通车床 | 领料部门 | | 发料部门 | | | |
| | | 负责人 | 领料人 | 核准人 | 发料人 | | |
| | | | 赵　军 | | 宋　波 | | |

②仓库记账后转财会科

7-20

## 领料单

领料部门：装配分厂　　2023年12月02日　　第0865号

| 材料编号 | 材料名称 | 规　格 | 单位 | 请领数量 | 实发数量 | 计划价格 | |
|---|---|---|---|---|---|---|---|
| | | | | | | 单价 | 金额 |
| 16001 | 润滑油 | | 千克 | 100 | 100 | 3.90 | 390.00 |
| 用　途 | 普通车床 | 领料部门 | | 发料部门 | | | |
| | | 负责人 | 领料人 | 核准人 | 发料人 | | |
| | | | 赵　军 | | 张涛江 | | |

②仓库记账后转财会科

7-21

## 领料单

领料部门：装配分厂　　2023年12月02日　　第0866号

| 材料编号 | 材料名称 | 规　格 | 单位 | 请领数量 | 实发数量 | 计划价格 | |
|---|---|---|---|---|---|---|---|
| | | | | | | 单价 | 金额 |
| 16001 | 润滑油 | | 千克 | 30 | 30 | 3.90 | 117.00 |
| 用　途 | 刻模铣床 | 领料部门 | | 发料部门 | | | |
| | | 负责人 | 领料人 | 核准人 | 发料人 | | |
| | | | 赵　岩 | | 宋　波 | | |

②仓库记账后转财会科

7-22

## 领料单

领料部门：机修分厂　　2023年12月02日　　第0867号

| 材料编号 | 材料名称 | 规　格 | 单位 | 请领数量 | 实发数量 | 计划价格 | |
|---|---|---|---|---|---|---|---|
| | | | | | | 单价 | 金额 |
| 15405 | 圆钢 | | 吨 | 2 | 2 | 3 000.00 | 6 000.00 |
| 用　途 | 检修基本生产分厂设备 | 领料部门 | | 发料部门 | | | |
| | | 负责人 | 领料人 | 核准人 | 发料人 | | |
| | | | 王文丽 | | 宋　波 | | |

②仓库记账后转财会科

7-23

# 发料汇总表（原材料）

2023年12月02日

单位：元

| 领料部门及用途 | | 原料及主要材料 | | | | 燃料 | | | | 外购半成品 | | | | | | | | | | 辅助材料 | | 金额合计 |
|---|---|---|---|---|---|---|---|---|---|---|---|---|---|---|---|---|---|---|---|---|---|---|
| 科目 | 用途 | 生铁 | | 圆钢 | | 焦炭 | | 煤 | | Y123M电机 | | AOB25电机 | | D318轴承 | | D462轴承 | | 标准件 | | 润滑油 | | |
| | | 数量 | 金额 | 数量 | 金额 | 数量 | 金额 | 数量 | 金额 | 数量 | 金额 | 数量 | 金额 | 数量 | 金额 | 数量 | 金额 | 数量 | 金额 | 数量 | 金额 | |
| 基本生产成本——铸造分厂 | 普通车床 | | | | | | | | | | | | | | | | | | | | | |
| | 刻模铣床 | | | | | | | | | | | | | | | | | | | | | |
| 基本生产成本——机加工分厂 | 普通车床 | | | | | | | | | | | | | | | | | | | | | |
| | 刻模铣床 | | | | | | | | | | | | | | | | | | | | | |
| 基本生产成本——装配分厂 | 普通车床 | | | | | | | | | | | | | | | | | | | | | |
| | 刻模铣床 | | | | | | | | | | | | | | | | | | | | | |
| 辅助生产成本——机修分厂 | 检修基本生产分厂设备 | | | | | | | | | | | | | | | | | | | | | |
| 合计 | | | | | | | | | | | | | | | | | | | | | | |

制表：

8 941202

## 成交过户交割凭单

买

| | | | |
|---|---|---|---|
| 股东编号： | A128463 | 成交证券： | 欧亚股份 |
| 电脑编号： | 83516 | 成交数量： | 2 000（股） |
| 公司编号： | 731 | 成交价格： | 120.00 |
| 申请编号： | 251 | 成交金额： | 240 000.00 |
| 申报时间： | 10:30 | 标准佣金： | 20.00 |
| 成交时间： | 11:50 | 过户费用： | 10.00 |
| 上次余额： | 305（股） | 印花税： | |
| 本次成交： | 2 000（股） | 应收金额： | |
| 本次余额： | 2 305（股） | 附加费用： | 120.00 |
| 本次库存： | | 公允价值： | 240 000.00 |

③通知联

滨江市证券交易所 财务专用章　光华机床有限责任公司 财务专用章

经办单位：　　客户签章：光华机床有限责任公司　　2023年12月2日

9-1

## 固定资产验收单

2023年12月02日

| 资产类别 | 资产编号 | 资产名称 | 计量单位 | 数量 | 原值（元） | 预计使用年限 | 增加方式 | 使用部门 |
|---|---|---|---|---|---|---|---|---|
| 机器设备 | 0212 | 刨床 | 台 | 1 | 255 000 | 10年 | 投资者投入 | 机加工分厂 |
| 合计 | | | | | 255 000 | | | |

经办：王宏伟　　复核：宋华文　　财务：高林

9-2

## 江城资产评估事务所文件

滨江〔2023〕字第125号

## 资产评估报告

光华机床有限责任公司：

我所受贵单位的委托，依据《中华人民共和国国有资产评估管理办法》、《中华人民共和国注册会计师法》和企业会计准则等的规定，对贵公司接受万达公司投入的1台刨床进行评估。固定资产按公允价值确定价值为255 000元。

资产评估专业人员：王　军　　　江城资产评估事务所

资产评估专业人员：张凡立　　　2023年12月2日

江城资产评估事务所（印章）

9-3

电子发票（增值税专用发票）

发票号码：23212000000003414789
开票日期：2023年12月02日

| 购买方信息 | 名称：光华机床有限责任公司<br>统一社会信用代码/纳税人识别号：91210600603882153F | 销售方信息 | 名称：万达公司<br>统一社会信用代码/纳税人识别号：91210200241281392F |
|---|---|---|---|

| 项目名称 | 规格型号 | 单位 | 数量 | 单价 | 金额 | 税率/征收率 | 税额 |
|---|---|---|---|---|---|---|---|
| *机床*刨床 | BC6063 | 台 | 1 | 255 000.00 | 255 000.00 | 13% | 33 150.00 |
| 合计 | | | | | ¥255 000.00 | | ¥33 150.00 |
| 价税合计（大写） | ⊗贰拾捌万捌仟壹佰伍拾元整 | | | | | （小写）¥288 150.00 | |
| 备注 | 销售方开户银行：中国工商银行大连市中山路支行；银行账号：68623445 | | | | | | |

开票人：赵宏

10-1

电子发票（增值税专用发票）

发票号码：23212000000003146934
开票日期：2023年12月03日

| 购买方信息 | 名称：光华机床有限责任公司<br>统一社会信用代码/纳税人识别号：91210600603882153F | 销售方信息 | 名称：大连市起重机厂<br>统一社会信用代码/纳税人识别号：91210200241211598F |
|---|---|---|---|

| 项目名称 | 规格型号 | 单位 | 数量 | 单价 | 金额 | 税率/征收率 | 税额 |
|---|---|---|---|---|---|---|---|
| *起重机*桥式起重机 | QD型 | 台 | 1 | 28 500.00 | 28 500.00 | 13% | 3 705.00 |
| 合计 | | | | | ¥28 500.00 | | ¥3 705.00 |
| 价税合计（大写） | ⊗叁万贰仟贰佰零伍元整 | | | | | （小写）¥32 205.00 | |
| 备注 | 销售方开户银行：中国工商银行大连沙河口支行；银行账号：68621575 | | | | | | |

开票人：陈凯

10-2

建筑服务

电子发票（增值税专用发票）

发票号码：23212000000003146935
开票日期：2023年12月03日

| 购买方信息 | 名称：光华机床有限责任公司<br>统一社会信用代码/纳税人识别号：91210600603882153F | 销售方信息 | 名称：大连市起重机厂<br>统一社会信用代码/纳税人识别号：91210200241211598F |
|---|---|---|---|

| 项目名称 | 建筑服务发生地 | 建筑项目名称 | 金额 | 税率/征收率 | 税额 |
|---|---|---|---|---|---|
| *建筑服务*安装服务 | 滨江市兴安区 | 起重机安装 | 1 720.00 | 9% | 154.80 |
| 合计 | | | ¥1 720.00 | | ¥154.80 |
| 价税合计（大写） | ⊗壹仟捌佰柒拾肆元捌角整 | | | （小写）¥1 874.80 | |
| 备注 | 土地增值税项目编号：—<br>跨地（市标志）：否 | | | | |

开票人：陈凯

10-3

ICBC 中国工商银行

凭证

## 业务回单（付款）

日期：2023年12月03日
回单编号：193123278124
付款人户名：光华机床有限责任公司
付款人账号：83852674　　付款人开户行：中国工商银行滨江兴安支行
收款人户名：大连市起重机厂
收款人账号：68621575　　收款人开户行：中国工商银行大连沙河口支行
金额：叁万肆仟零柒拾玖元捌角整　　小写：34 079.80元
凭证种类：000000000　　凭证号码：0000000000000
摘要：购起重机及安装款　　用途：　　币种：人民币
交易机构：0060504559　　记账柜员：00083　　渠道：其他
交易代码：52179

附言：购起重机及安装款
支付交易序号：10001736　　报文种类：汇兑业务　　委托日期：2023年12月03日
业务类型（种类）：普通汇兑

本回单为第1次打印：注意重复　　打印日期：2023年12月03日

中国工商银行滨江兴安支行 业务专用章 49EEF0B8B006

---

11

## 电子发票（增值税专用发票）

全国统一发票监制章 国家税务总局 辽宁省税务局

发票号码：23212000000003158236
开票日期：2023年12月03日

| 购买方信息 | 名称：光华机床有限责任公司<br>统一社会信用代码/纳税人识别号：91210600603882153F | 销售方信息 | 名称：开原轴承厂<br>统一社会信用代码/纳税人识别号：91211282122933327D |
|---|---|---|---|

| 项目名称 | 规格型号 | 单位 | 数量 | 单价 | 金额 | 税率/征收率 | 税额 |
|---|---|---|---|---|---|---|---|
| *轴承*轴承 | D318 | 套 | −400 | 275.00 | −110 000.00 | 13% | −14 300.00 |
| 合计 | | | | | ¥−110 000.00 | | ¥−14 300.00 |
| 价税合计（大写） | ⊗（负数）壹拾贰万肆仟叁佰元整 | | | | | （小写） | ¥−124 300.00 |
| 备注 | 销售方开户银行：中国工商银行开原五一路支行；银行账号：33852288 | | | | | | |

开票人：秦志

---

12-1

## 电子发票（增值税专用发票）

全国统一发票监制章 国家税务总局 辽宁省税务局

发票号码：23212000000003407706
开票日期：2023年12月03日

| 购买方信息 | 名称：滨江市机电公司<br>统一社会信用代码/纳税人识别号：91210600601496572F | 销售方信息 | 名称：光华机床有限责任公司<br>统一社会信用代码/纳税人识别号：91210600603882153F |
|---|---|---|---|

| 项目名称 | 规格型号 | 单位 | 数量 | 单价 | 金额 | 税率/征收率 | 税额 |
|---|---|---|---|---|---|---|---|
| *机床*刻模铣床 | X4222 | 台 | 5 | 28 000.00 | 140 000.00 | 13% | 18 200.00 |
| 合计 | | | | | ¥140 000.00 | | ¥18 200.00 |
| 价税合计（大写） | ⊗壹拾伍万捌仟贰佰元整 | | | | | （小写） | ¥158 200.00 |
| 备注 | 销售方开户银行：中国工商银行滨江兴安支行；银行账号：83852674 | | | | | | |

开票人：陈晓艺

12-2

## ICBC 中国工商银行　进账单　（收账通知）　3

2023年12月3日　　第1091号

| | | | | | |
|---|---|---|---|---|---|
| 出票人 | 全称 | 滨江市机电公司 | 收款人 | 全称 | 光华机床有限责任公司 |
| | 账号 | 26425198 | | 账号 | 83852674 |
| | 开户银行 | 中国工商银行滨江前卫支行 | | 开户银行 | 中国工商银行滨江兴安支行 |
| 金额 | 人民币（大写） | 壹拾伍万捌仟贰佰元整 | | 千百十万千百十元角分 | ¥15820000 |
| 票据种类 | 转账支票 | 票据张数 | 1 | | |
| 票据号码 | | | | | |
| 复核　记账 | | | | 收款人开户行盖章 | 中国工商银行滨江兴安支行 2023.12.03 转讫 |

此联是收款人开户银行交给收款人的收账通知

12-3

## 产品出库单

用途：销售　　2023年12月03日　　凭证编号：11003
产成品库：二号库

| 类别 | 编号 | 名称及规格 | 计量单位 | 数量 | 单位成本 | 总成本 | 附注： |
|---|---|---|---|---|---|---|---|
| | 25002 | 刻模铣床X4222 | 台 | 5 | | | |
| | | | | | | | |
| 合计 | | | | | | | |

记账：　　保管：高军辉　　检验：　　制单：

二 财务留存

13-1

## ICBC 中国工商银行　借款借据

0005897

借据号：XYH2023056　　借款合同编号：80102456

| | | | | | | | |
|---|---|---|---|---|---|---|---|
| 借款人名称 | 光华机床有限责任公司 | | | | | 结算账号 | 83852674 |
| 放款账户名称 | 光华机床有限责任公司 | | | | | 放款账号 | 83852674 |
| 贷款种类 | 短期 | 贷款科目 | 短期质押 | 行业分类 | 制造业 | 贷款账号 | 13337640049 |
| 贷款金额 | 人民币（大写）壹拾肆万元整 | | | | | 千百十万千百十元角分 | ¥14000000 |
| 借款期限 | 自2023年12月01日起至2024年05月31日止 | | | | | 基准利率 5.6% | 期限内月利率　逾期后月利率 |
| 以上借款已转入放款账户 | （借款人签章）光华机床有限责任公司财务专用章　王兴海印 | | | | | （银行签章）中国工商银行滨江兴安支行 2023.12.01 转讫 | |
| 支行信贷员签字：张海 | | 支行信贷部经理签字：李军 | | | | 支行行长签字：张丰 | |

银行机打记录：

客户号：020000022515　　借款人名称：光华机床有限责任公司
产品名称：4104银行承兑汇票质押　　贷款合同号：80102456
贷款借据号：XYH2023056　　贷款账号：13337640049
入账账号：83852674　　入账账户名称：光华机床有限责任公司
还款账号：83852674　　还款账户名称：光华机床有限责任公司
贷款期限：6个月　　到期日期：2024/05/31
货币代号：01-人民币　　借据金额：140 000.00
执行利率：5.60%　　年/月利率：Y-年利率

交易代码：2010　　交易日期：2023/12/01　　交易时间：14:35　　柜员流水号：0006769253
机构号：0133　　交易柜员：000676　　授权柜员：
主管：　　会计：

第四联　借款放款账户收款回执

13-2

## 短期借款申请书

2023年12月01日

| 企业名称 | 光华机床有限责任公司 | 法定代表人 | 王兴海 | 企业性质 | 有限责任 |
|---|---|---|---|---|---|
| 地　址 | 滨江市兴安区锦江路85号 | 财务负责人 | 高林 | 联系电话 | 0415-36890451 |
| 经营范围 | 生产、销售机床等系列产品 | 主管部门 | 顺达集团公司 | | |
| 借款期限 | 自2023年12月1日至2024年05月31日 | | | 申请金额 | 140 000元 |
| 主要用途及效益说明：本公司近半年来，生产状况良好，产品销售情况有所好转，但由于回收货款较困难，特申请短期贷款 | | | | | |
| 申请单位财务章：（光华机床有限责任公司 财务专用章） | | 信贷员意见：（中国工商银行滨江兴安支行 业务专用章 49EEF0B8B006） | | | |
| 财务部门负责人：高林　经办人： | | 行主管领导：张丰　信贷部门负责人：李军 | | | |

14-1

**ICBC 中国工商银行　借款借据**　0005921

借据号：XYH2023101　借款合同编号：80102145

| 借款人名称 | 光华机床有限责任公司 | | | | | 结算账号 | 83852674 |
|---|---|---|---|---|---|---|---|
| 放款账户名称 | 光华机床有限责任公司 | | | | | 放款账号 | 83852674 |
| 贷款种类 | 长期 | 贷款科目 | 长期质押 | 行业分类 | 制造业 | 贷款账号 | 13437640049 |
| 贷款金额 | 人民币(大写)伍拾贰万元整 | | | | | 千百十万千百十元角分 | ¥52000000 |
| 借款期限 | 自2023年12月01日起至2026年12月01日止 | | | | | 基准利率 6%　期限内月利率　逾期后月利率 | |

以上借款已转入放款账户

（借款人签章）（光华机床有限责任公司 财务专用章）　（银行签章）（中国工商银行滨江兴安支行 2023.12.01 转讫）

支行信贷员签字：张海　支行信贷部经理签字：李军（王兴海印）　支行行长签字：张丰

银行机打记录：

客户号：020000022515　借款人名称：光华机床有限责任公司
产品名称：4109不动产质押　贷款合同号：80102145
贷款借据号：XYH2023101　贷款账号：13437640049
入账账号：83852674　入账账户名称：光华机床有限责任公司
还款账号：83852674　还款账户名称：光华机床有限责任公司
贷款期限：三年　到期日期：2026/12/01
货币代号：01-人民币　借据金额：520 000.00
执行利率：6%　年/月利率：Y-年利率

交易代码：2016　交易日期：2023/12/01　交易时间：15:53　柜员流水号：0008769254
机构号：0133　交易柜员：000676　授权柜员：
主管：　会计：

第四联　借款放款账户收款回执

14-2

## 长期借款申请书

2023年12月01日

| 企业名称 | 光华机床有限责任公司 | 法定代表人 | 王兴海 | 企业性质 | 有限责任 |
|---|---|---|---|---|---|
| 地　址 | 滨江市兴安区锦江路85号 | 财务负责人 | 高林 | 联系电话 | 0415-36890451 |
| 经营范围 | 生产、销售机床等系列产品 | 主管部门 | 顺达集团公司 | | |
| 借款期限 | 自2023年12月01日至2026年12月01日 | | | 申请金额 | 520 000元 |
| 主要用途及效益说明：本公司生产经营状况良好，为了扩大生产，需要购置大型设备 | | | | | |
| 申请单位财务章：（光华机床有限责任公司 财务专用章） | | 信贷员意见：（中国工商银行滨江兴安支行 业务专用章 49EEF0B8B006） | | | |
| 财务部门负责人：高林　经办人： | | 行主管领导：张丰　信贷部门负责人：李军 | | | |

15-1

## 固定资产验收单

2023年12月04日

| 资产类别 | 资产编号 | 资产名称 | 计量单位 | 数量 | 原值（元） | 预计使用年限 | 增加方式 | 使用部门 |
|---|---|---|---|---|---|---|---|---|
| 机器设备 | 0213 | 万能磨床 | 台 | 1 | 148 000 | 10年 | 直接购买 | 机加工分厂 |
| 合计 | | | | | 148 000 | | | |

经办：王宏伟　　复核：宋华文　　财务：高林

15-2

ICBC 中国工商银行　转账支票存根

支票号码 03789622

附加信息

出票日期：2023年12月04日

| | |
|---|---|
| 收款人： | 滨江市重型机械厂 |
| 金额： | ¥167 240.00 |
| 用途： | 购设备 |

单位主管：高林　　会计：陈晓艺

（印章：光华机床有限……财务……）

15-3

## 电子发票（增值税专用发票）

（印章：全国统一发票监制 国家税务总局 辽宁省税务局）

发票号码：23212000000003147989

开票日期：2023年12月04日

| 购买方信息 | 销售方信息 |
|---|---|
| 名称：光华机床有限责任公司<br>统一社会信用代码/纳税人识别号：91210600603882153F | 名称：滨江市重型机械厂<br>统一社会信用代码/纳税人识别号：91210600604798974F |

| 项目名称 | 规格型号 | 单位 | 数量 | 单价 | 金额 | 税率/征收率 | 税额 |
|---|---|---|---|---|---|---|---|
| *机床*万能磨床 | | 台 | 1 | 148 000.00 | 148 000.00 | 13% | 19 240.00 |
| 合计 | | | | | ¥148 000.00 | | ¥19 240.00 |
| 价税合计（大写） | ⊗壹拾陆万柒仟贰佰肆拾元整 | | | | | （小写） | ¥167 240.00 |

备注：销售方开户银行：中国工商银行滨江一支行；银行账号：83854788

开票人：李宏

16

## ICBC 中国工商银行 滨江兴安支行处 贷款利息凭证

2023年12月04日

| 收款单位 | | | 付款单位 | | |
|---|---|---|---|---|---|
| | 账号 | 13337640049 | | 账号 | 83852674 |
| | 户名 | 营业收入 | | 户名 | 光华机床有限责任公司 |
| | 开户银行 | 滨江兴安支行 | | 开户银行 | 滨江兴安支行 |
| 积数：1 260 000元 | | | 利率：5.6% | | 利息：5 880元 |

________户12月份利息

科目________

对方科目________

复核员：　　记账员：

（印章：中国工商银行 滨江兴安支行 2023.12.04 转讫）

付款凭证

17-1

## 电子发票（增值税专用发票）

发票号码：23212000000003407707
开票日期：2023年12月04日

| 购买方信息 | 名称：沈阳市机电公司<br>统一社会信用代码/纳税人识别号：91210105117915191G | 销售方信息 | 名称：光华机床有限责任公司<br>统一社会信用代码/纳税人识别号：91210600603882153F |
|---|---|---|---|

| 项目名称 | 规格型号 | 单位 | 数量 | 单价 | 金额 | 税率/征收率 | 税额 |
|---|---|---|---|---|---|---|---|
| *机床*刻模铣床 | X4222 | 台 | −2 | 28 000.00 | −56 000.00 | 13% | −7 280.00 |
| 合　计 | | | | | ¥−56 000.00 | | ¥−7 280.00 |
| 价税合计（大写） | ⊗（负数）陆万叁仟贰佰捌拾元整 | | | | （小写）¥−63 280.00 | | |
| 备注 | 销售方开户银行：中国工商银行滨江兴安支行；银行账号：83852674 | | | | | | |

开票人：陈晓艺

17-2

ICBC 中国工商银行

凭证

### 业务回单（付款）

日期：2023年12月04日
回单编号：193123225973
付款人户名：光华机床有限责任公司
付款人账号：83852674　　付款人开户行：中国工商银行滨江兴安支行
收款人户名：沈阳市机电公司
收款人账号：86001527　　收款人开户行：中国工商银行沈阳市分行
金额：陆万叁仟贰佰捌拾元整　　小写：63 280.00元
凭证种类：000000000　　凭证号码：0000000000000
摘要：销售退回　　用途：　　币种：人民币
交易机构：0060504559　　记账柜员：00083　　渠道：其他
交易代码：52589

中国工商银行滨江兴安支行 业务专用章 49EEF0B8B006

附言：销售退回款
支付交易序号：10001789　　报文种类：汇兑业务　　委托日期：2023年12月04日
业务类型（种类）：普通汇兑

本回单为第1次打印：注意重复　　打印日期：2023年12月04日

17-3

## 产品入库单

凭证编号：12001
用途：销售退回　　2023年12月04日　　产成品库：二号库

| 类别 | 编号 | 名称及规格 | 计量单位 | 数量 | 单位成本 | 总成本 | 附注： |
|---|---|---|---|---|---|---|---|
| | 25002 | 刻模铣床X4222 | 台 | 2 | | | |
| | | | | | | | |
| 合　计 | | | | | | | |

二 财务留存

记账：　　保管：高军辉　　检验：　　制单：

18-1

## 电子发票（普通发票）

发票号码：23212000000003777178
开票日期：2023年12月04日

| 购买方信息 | 名称：光华机床有限责任公司<br>统一社会信用代码/纳税人识别号：91210600603882153F | 销售方信息 | 名称：锦江餐饮有限责任公司<br>统一社会信用代码/纳税人识别号：91210600683744453H |
|---|---|---|---|

| 项目名称 | 规格型号 | 单位 | 数量 | 单价 | 金额 | 税率/征收率 | 税额 |
|---|---|---|---|---|---|---|---|
| *餐饮服务*餐费 | | | | | 2 427.18 | 3% | 72.82 |
| 合 计 | | | | | ¥2 427.18 | | ¥72.82 |
| 价税合计（大写） | ⊗贰仟伍佰元整 | | | | | | （小写）¥2 500.00 |
| 备注 | 销售方开户银行：中国工商银行滨江兴安支行；银行账号：83854986 | | | | | | |

开票人：王小红

18-2

ICBC 中国工商银行 转账支票存根

支票号码 03789623

附加信息

出票日期：2023年12月04日

| | |
|---|---|
| 收款人： | 锦江餐饮有限责任公司 |
| 金 额： | ¥2 500.00 |
| 用 途： | 餐费 |

单位主管：高林 会计：陈晓艺

19

## 电子发票（增值税专用发票）

发票号码：23212000000003967859
开票日期：2023年12月04日

| 购买方信息 | 名称：光华机床有限责任公司<br>统一社会信用代码/纳税人识别号：91210600603882153F | 销售方信息 | 名称：顺达集团公司<br>统一社会信用代码/纳税人识别号：91210600604700036F |
|---|---|---|---|

| 项目名称 | 规格型号 | 单位 | 数量 | 单价 | 金额 | 税率/征收率 | 税额 |
|---|---|---|---|---|---|---|---|
| *黑色金属冶炼压延品*圆钢 | 40CrΦ55 | 吨 | 50 | 3 200.00 | 160 000.00 | 13% | 20 800.00 |
| 合 计 | | | | | ¥160 000.00 | | ¥20 800.00 |
| 价税合计（大写） | ⊗壹拾捌万零捌佰元整 | | | | | | （小写）¥180 800.00 |
| 备注 | 销售方开户银行：中国工商银行大连广源支行；银行账号：84214787 | | | | | | |

开票人：谭敬

20-1

## 电子发票（增值税专用发票）

发票号码：23212000000003738957
开票日期：2023 年 12 月 05 日

| | | | |
|---|---|---|---|
| 购买方信息 | 名称：光华机床有限责任公司<br>统一社会信用代码/纳税人识别号：91210600603882153F | 销售方信息 | 名称：本溪钢铁公司<br>统一社会信用代码/纳税人识别号：91210500119726256U |

| 项目名称 | 规格型号 | 单位 | 数量 | 单价 | 金额 | 税率/征收率 | 税额 |
|---|---|---|---|---|---|---|---|
| *黑色金属冶炼压延品*圆钢 | 40CrΦ55 | 吨 | 5 | 3 200.00 | 16 000.00 | 13% | 2 080.00 |
| 合　计 | | | | | ¥16 000.00 | | ¥2 080.00 |
| 价税合计（大写） | ⊗壹万捌仟零捌拾元整 | | | | | （小写） | ¥18 080.00 |
| 备注 | 销售方开户银行：中国工商银行本溪站前支行；银行账号：84233669 | | | | | | |

开票人：田礼

20-2

ICBC 中国工商银行

凭证

## 业务回单（收款）

日期：2023 年 12 月 05 日
回单编号：193123228825
付款人户名：光华机床有限责任公司
付款人账号：84622481　　付款人开户行：中国工商银行本溪振兴支行
收款人户名：光华机床有限责任公司
收款人账号：83852674　　收款人开户行：中国工商银行滨江兴安支行
金额：叁仟叁佰玖拾玖元肆角伍分　　小写：3 399.45 元
凭证种类：000000000　　凭证号码：0000000000000
摘要：采购余款　　用途：外地采购临时账户余额退回　　币种：人民币
交易机构：0060500200　　记账柜员：00023　　渠道：其他
交易代码：52255

附言：采购余款
支付交易序号：10004458　　报文种类：汇兑业务　　委托日期：2023 年 12 月 05 日
业务类型（种类）：普通汇兑

本回单为第 1 次打印：注意重复　　打印日期：2023 年 12 月 05 日

20-3

货物运输服务

## 电子发票（增值税专用发票）

发票号码：23212000000001796355
开票日期：2023 年 12 月 05 日

| | | | |
|---|---|---|---|
| 购买方信息 | 名称：光华机床有限责任公司<br>统一社会信用代码/纳税人识别号：91210600603882153F | 销售方信息 | 名称：中通运输有限公司<br>统一社会信用代码/纳税人识别号：91210500603597273F |

| 项目名称 | 单位 | 数量 | 单价 | 金额 | 税率/征收率 | 税额 |
|---|---|---|---|---|---|---|
| *运输服务*国内道路货物运输服务 | | | | 1 395.00 | 9% | 125.55 |
| 合　计 | | | | ¥1 395.00 | | ¥125.55 |

| 运输工具种类 | 运输工具牌号 | 起运地 | 到达地 | 运输货物名称 |
|---|---|---|---|---|
| 公路运输 | 辽 E G5561 | 本溪 | 滨江 | 圆钢 |

| | | | |
|---|---|---|---|
| 价税合计（大写） | ⊗壹仟伍佰贰拾元伍角伍分 | （小写） | ¥1 520.55 |
| 备注 | | | |

开票人：秦书

21

# 职工生活困难补助发放明细表

2023年12月05日

| 序号 | 姓名 | 部门 | 金额 | 领款人 |
|---|---|---|---|---|
| 1 | 李大海 | 厂办 | 1 300.00 | 李大海 |
| 合　计 | | 人民币（大写）壹仟叁佰元整 | | （小写）¥1 300.00 |

现金付讫

审批人：高　林　　负责人：　　制表人：陈晓艺

22-1

ICBC 中国工商银行　转账支票存根

支票号码 03789624

附加信息

出票日期：2023年12月05日

| | |
|---|---|
| 收款人： | 滨江市报业集团 |
| 金　额： | ¥4 800.00 |
| 用　途： | 订报刊 |

单位主管：高林　　会计：陈晓艺

光华机床有限公司 财务

22-2

# 电子发票（普通发票）

发票号码：23212000000555135487

开票日期：2023年12月05日

全国统一发票监制章 国家税务总局 辽宁省税务局

| 购买方信息 | 名称：光华机床有限责任公司<br>统一社会信用代码/纳税人识别号：91210600603882153F | 销售方信息 | 名称：滨江市报业集团<br>统一社会信用代码/纳税人识别号：91210600120877272W |
|---|---|---|---|

| 项目名称 | 规格型号 | 单位 | 数量 | 单价 | 金　额 | 税率/征收率 | 税　额 |
|---|---|---|---|---|---|---|---|
| *邮政服务*报刊发行服务 | | | | | 4 403.67 | 9% | 396.33 |
| 合　计 | | | | | ¥4 403.67 | | ¥396.33 |
| 价税合计（大写） | ⊗肆仟捌佰元整 | | | | | （小写）¥4 800.00 | |
| 备注 | 销售方开户银行：中国农业银行滨江光明支行；银行账号：45831178 | | | | | | |

开票人：陈春华

23-1

ICBC 中国工商银行

凭证

## 业务回单（收款）

日期：2023年12月05日
回单编号：193123228826
付款人户名：南方机电公司
付款人账号：18400517　　付款人开户行：光大银行广东永新支行
收款人户名：光华机床有限责任公司
收款人账号：83852674　　收款人开户行：中国工商银行滨江兴安支行
金额：肆拾万元整　　小写：400 000.00元
凭证种类：000000000　　凭证号码：0000000000000
摘要：货款　　用途：　　币种：人民币
交易机构：0060500200　　记账柜员：00023　　渠道：其他
交易代码：52286

附言：货款
支付交易序号：10007369　　报文种类：汇兑业务　　委托日期：2023年12月05日
业务类型（种类）：普通汇兑

本回单为第1次打印：注意重复　　打印日期：2023年12月05日

（印章：中国工商银行滨江兴安支行 业务专用章 49EEF0B8B006）

---

23-2

## 债务重组协议

甲方（债权方）：光华机床有限责任公司
乙方（债务方）：南方机电公司

2020年5月，乙方购甲方产品欠货款520 000元，由于乙方企业战略调整，资金周转困难，货款一直未能支付。现经双方多次协商，达成新的付款协议，乙方以400 000元清偿前欠甲方的货款。

本协议自双方签章开始生效。

甲方：光华机床有限责任公司　　乙方：南方机电公司
法定代表人：王兴海　　法定代表人：张加深
2023年12月05日　　2023年12月05日

---

24-1

## 中华人民共和国 税收完税证明

No.421065231100007453

填发日期：2023年12月05日　　税务机关：国家税务总局滨江市税务局

| 纳税人识别号 | 91210600603882153F | | 纳税人名称 | 光华机床有限责任公司 | |
|---|---|---|---|---|---|
| 原凭证号 | 税种 | 品目名称 | 税款所属时期 | 入（退）库日期 | 实缴（退）金额 |
| 321066230200069 | 增值税 | 销售货物 | 2023-11-01至2023-11-30 | 2023-12-05 | 121 160.72 |
| 321066230200069 | 城市维护建设税 | 市区（增值税附征） | 2023-11-01至2023-11-30 | 2023-12-05 | 8 481.25 |
| 321066230200069 | 教育费附加 | 增值税教育费附加 | 2023-11-01至2023-11-30 | 2023-12-05 | 3 634.82 |
| 321066230200069 | 地方教育附加 | 增值税地方教育附加 | 2023-11-01至2023-11-30 | 2023-12-05 | 2 423.21 |
| 321066230200069 | 城镇土地使用税 | 城镇土地使用税等级2 | 2023-11-01至2023-11-30 | 2023-12-05 | 14 400.00 |
| 321066230200069 | 房产税 | 从价计征 | 2023-11-01至2023-11-30 | 2023-12-05 | 22 065.00 |
| 金额合计 | （大写）壹拾柒万贰仟壹佰陆拾伍元整 | | | | ¥172 165.00 |
| 税务机关（盖章） | | 填票人 电子税务局 | 备注 | | |

收据联 交纳税人作完税证明

（第1次打印）妥善保管

24-2

# 中国工商银行电子缴税付款凭证

缴税日期：2023年12月05日　　　　凭证字号：201258794665

纳税人名称及纳税人识别号：光华机床有限责任公司　91210600603882153F

纳税人全称：光华机床有限责任公司

纳税人账号：83852674　　征收机关名称：国家税务总局滨江市税务局

纳税人开户行：中国工商银行滨江兴安支行　　收款国库（银行）名称：国家金库滨江市支库

小写（合计）金额：172 165.00元　　缴款书交易流水号：3725602

大写（合计）金额：壹拾柒万贰仟壹佰陆拾伍元整　　税票号码：421065231100007453

| 税（费）种名称 | 所属日期 | 实缴金额（单位：元） |
|---|---|---|
| 增值税 | 2023-11-01至2023-11-30 | 121 160.72 |
| 城市维护建设税 | 2023-11-01至2023-11-30 | 8 481.25 |
| 教育费附加 | 2023-11-01至2023-11-30 | 3 634.82 |
| 地方教育附加 | 2023-11-01至2023-11-30 | 2 423.21 |
| 城镇土地使用税 | 2023-11-01至2023-11-30 | 14 400.00 |
| 房产税 | 2023-11-01至2023-11-30 | 22 065.00 |

中国工商银行滨江兴安支行 自动回单机专用章 （001）

第一次打印　　打印时间：2023年12月05日

25-1

## 电子发票（增值税专用发票）

全国统一发票监制章 国家税务总局 辽宁省税务局

发票号码：23212000000001488597

开票日期：2023年12月06日

购买方信息　名称：光华机床有限责任公司
统一社会信用代码/纳税人识别号：91210600603882153F

销售方信息　名称：滨江劳保用品商店
统一社会信用代码/纳税人识别号：91210500603592255F

| 项目名称 | 规格型号 | 单位 | 数量 | 单价 | 金额 | 税率/征收率 | 税额 |
|---|---|---|---|---|---|---|---|
| *鞋*劳保鞋 | | 双 | 50 | 32.50 | 1 625.00 | 13% | 211.25 |
| *非金属矿物制品*耐热手套 | | 副 | 10 | 4.50 | 45.00 | 13% | 5.85 |
| 合　计 | | | | | ¥1 670.00 | | ¥217.10 |

价税合计（大写）　⊗壹仟捌佰捌拾柒元壹角整　　（小写）¥1 887.10

备注　销售方开户银行：中国建设银行滨江九江支行；银行账号：45835897

开票人：韩树

25-2

ICBC 中国工商银行　转账支票存根

支票号码 03789625

附加信息

出票日期：2023年12月06日

收款人：滨江劳保用品商店

金　额：¥1 887.10

用　途：购劳保用品

单位主管：高林　　会计：陈晓艺

光华机床有…… 财务

26-1

# 电子发票（增值税专用发票）

发票号码：23212000000003407708
开票日期：2023年12月06日

| | |
|---|---|
| 购买方信息 名称：沈阳市机电公司<br>统一社会信用代码/纳税人识别号：91210105117915191G | 销售方信息 名称：光华机床有限责任公司<br>统一社会信用代码/纳税人识别号：91210600603882153F |

| 项目名称 | 规格型号 | 单位 | 数量 | 单价 | 金额 | 税率/征收率 | 税额 |
|---|---|---|---|---|---|---|---|
| *机床*普通车床 | CA6140/1000 | 台 | 2 | 42 300.00 | 84 600.00 | 13% | 10 998.00 |
| 合计 | | | | | ¥84 600.00 | | ¥10 998.00 |
| 价税合计（大写） | ⊗玖万伍仟伍佰玖拾捌元整 | | | | | （小写） | ¥95 598.00 |
| 备注 | 销售方开户银行：中国工商银行滨江兴安支行；银行账号：83852674 | | | | | | |

开票人：陈晓艺

26-2

## ICBC 中国工商银行　银行承兑汇票　2

31000061
21857402

出票日期（大写）　贰零贰叁年壹拾贰月零陆日

| | | | | |
|---|---|---|---|---|
| 出票人全称 | 沈阳市机电公司 | 收款人 | 全称 | 光华机床有限责任公司 |
| 出票人账号 | 86001527 | | 账号 | 83852674 |
| 付款行全称 | 中国工商银行沈阳市分行 | | 开户银行 | 中国工商银行滨江兴安支行 |
| 出票金额 | 人民币（大写）玖万伍仟伍佰玖拾捌元整 | | 亿千百十万千百十元角分 | ¥ 9 5 5 9 8 0 0 |
| 汇票到期日 | 贰零贰肆年伍月零陆日 | 付款行 | 行号 | 310451000099 |
| 承兑协议编号 | CD458912756 | | 地址 | 沈阳市太原街25号 |
| 本汇票请你行承兑，到期无条件付款。<br>（沈阳市机电公司 财务专用章）<br>出票人签章 | 本汇票已经承兑，到期日由本行付款。<br>承兑行签章（中国工商银行沈阳市分行 汇票专用章）<br>承兑日期 2023年12月06日<br>备注： | | 密押<br>复核　记账 | |

此联收款人开户行随托收凭证寄付款行作借方凭证附件

26-3

## 产品出库单

用途：销售　　2023年12月06日　　凭证编号：11004
产成品库：一号库

| 类别 | 编号 | 名称及规格 | 计量单位 | 数量 | 单位成本 | 总成本 | 附注： |
|---|---|---|---|---|---|---|---|
| | 25001 | 普通车床CA6140/1000 | 台 | 2 | | | |
| | | | | | | | |
| 合计 | | | | | | | |

记账：　保管：高军辉　检验：　制单：

二 财务留存

27-1

## 电子发票（增值税专用发票）

发票号码：23212000000001480021
开票日期：2023年12月06日

| | | | | | | | |
|---|---|---|---|---|---|---|---|
| 购买方信息 | 名称：光华机床有限责任公司<br>统一社会信用代码/纳税人识别号：91210600603882153F | | | 销售方信息 | 名称：滨江市物资公司<br>统一社会信用代码/纳税人识别号：91210500603592137F | | |
| 项目名称 | 规格型号 | 单位 | 数量 | 单价 | 金额 | 税率/征收率 | 税额 |
| *非成品油石油制品*润滑油 | | 千克 | 100 | 3.80 | 380.00 | 13% | 49.40 |
| 合计 | | | | | ¥380.00 | | ¥49.40 |
| 价税合计（大写） | ⊗肆佰贰拾玖元肆角整 | | | | | （小写）¥429.40 | |
| 备注 | 销售方开户银行：中国工商银行滨江开发区支行；银行账号：84251636 | | | | | | |

开票人：朱苏

27-2

**ICBC 中国工商银行　转账支票存根**

支票号码03789626

附加信息

出票日期：2023年12月06日

| | |
|---|---|
| 收款人： | 滨江市物资公司 |
| 金额： | ¥429.40 |
| 用途： | 购润滑油 |

单位主管：高林　　会计：陈晓艺

28

**ICBC 中国工商银行　借款偿还凭证**

2023年12月07日

| | | | | | | | | | | | | | |
|---|---|---|---|---|---|---|---|---|---|---|---|---|---|
| 贷款账号 | 13537640049 | 借款人名称 | | 光华机床有限责任公司 | | | | | | | | | |
| 还款账号 | 83852674 | 还款账户名称 | | 光华机床有限责任公司 | | | | | | | | | |
| 金额 | 人民币（大写）贰拾万元整 | 亿 | 千 | 百 | 十 | 万 | 千 | 百 | 十 | 元 | 角 | 分 | |
| | | | | ¥ | 2 | 0 | 0 | 0 | 0 | 0 | 0 | 0 | |
| 放款日期 | 2022.12.07 | 原约定还款日期 | | 2023.12.07 | | | | | | | | | |

银行打印记录：
借款人名称：光华机床有限责任公司
贷款借据号：XYH2008021
还款账号：83852674　　贷款账号：13537640049
还款账户名称：光华机床有限责任公司
借据金额：200 000.00　　归还日期：2023/12/07
货币代号：01-人民币
交易代码：2021　　交易日期：2023/12/07
机构号：0133　　交易柜员：000610
柜员流水号：00061002
交易机构：　　授权：　　经办：　　信贷：

现申请从还款账户中支取上述款项，用于偿还该项贷款本息。

还款人签章
或预留印鉴：

第三联　回执联

29

# 中国工商银行电子缴税付款凭证

缴税日期：2023年12月07日　　　　凭证字号：201258794666

纳税人名称及纳税人识别号：光华机床有限责任公司　91210600603882153F

纳税人全称：光华机床有限责任公司

纳税人账号：83852674　　　　征收机关名称：国家税务总局滨江市税务局

纳税人开户行：中国工商银行滨江兴安支行　　　　收款国库（银行）名称：国家金库滨江市支库

小写（合计）金额：2 535.00元　　　　缴款书交易流水号：3725603

大写（合计）金额：贰仟伍佰叁拾伍元整　　　　税票号码：421065231100007454

| 税（费）种名称 | 所属日期 | 实缴金额（单位：元） |
|---|---|---|
| 个人所得税 | 2023-11-01至2023-11-30 | 2 535.00 |

第一次打印　　　　打印时间：2023年12月07日

中国工商银行滨江兴安支行
自动回单机专用章
（001）

30

## ICBC 中国工商银行　贴现凭证（收账通知）　4

填写日期 2023年12月07日　　　　第4538号

| | | | | | |
|---|---|---|---|---|---|
| 申请人 | 全称 | 光华机床有限责任公司 | 贴现汇票 | 种类 | 银行承兑汇票　号码 |
| | 账号 | 83852674 | | 发票日 | 2023年10月07日 |
| | 开户银行 | 中国工商银行滨江兴安支行 | | 到期日 | 2024年03月07日 |
| 汇票承兑人（或银行） | 名称 | 北方机电公司 | 账号 82156735 | 开户银行 | 中国工商银行和平路支行 |
| 汇票金额 | 人民币（大写）柒万玖仟贰佰元整 | | | 千百十万千百十元角分 | ¥79 200.00 |
| 贴现率 每年 | 8.3% | 贴现利息 | ¥1 643.40 | 实付贴现金额 | ¥77 556.60 |

上述款项已入你单位账户。

此致

银行盖章

2023年12月07日

中国工商银行
滨江兴安支行
2023.12.07
转讫

此联是银行给贴现申请人的收账通知

31

公司因合同违约而涉及一桩诉讼案。企业的法律顾问判断，最终的判决很可能对本企业不利。年末尚未接到法院判决。据估计，诉讼费用金额为50 000元。

厂　办：王宏伟

财务科长：高　林

2023年12月08日

光华机床有限责任公司

32

滨江市机床经销公司一笔应收账款3 000元，经确认作为坏账损失处理。

销 售 科：王 磊

财务科长：高 林

2023年12月08日

33-1

## 电子发票（增值税专用发票）

发票号码：23277880000003786935
开票日期：2023年12月08日

| | |
|---|---|
| 购买方信息　名称：光华机床有限责任公司<br>统一社会信用代码/纳税人识别号：91210600603882153F | 销售方信息　名称：哈尔滨轴承集团<br>统一社会信用代码/纳税人识别号：912301991280247308 |

| 项目名称 | 规格型号 | 单位 | 数量 | 单价 | 金　额 | 税率/征收率 | 税　额 |
|---|---|---|---|---|---|---|---|
| *轴承*轴承 | D318 | 套 | 100 | 335.00 | 33 500.00 | 13% | 4 355.00 |
| 合　计 | | | | | ¥33 500.00 | | ¥4 355.00 |
| 价税合计（大写） | ⊗叁万柒仟捌佰伍拾伍元整 | | | | | （小写） | ¥37 855.00 |
| 备注 | 销售方开户银行：中国工商银行哈尔滨新华支行；银行账号：84621519 | | | | | | |

开票人：李琳

33-2

货物运输服务

## 电子发票（增值税专用发票）

发票号码：23212000000003449552
开票日期：2023年12月08日

| | |
|---|---|
| 购买方信息　名称：光华机床有限责任公司<br>统一社会信用代码/纳税人识别号：91210600603882153F | 销售方信息　名称：哈尔滨运输有限公司<br>统一社会信用代码/纳税人识别号：91230112MA1CBOY22Y |

| 项目名称 | 单位 | 数量 | 单价 | 金　额 | 税率/征收率 | 税　额 |
|---|---|---|---|---|---|---|
| *运输服务*国内道路货物运输服务 | | | | 2 790.00 | 9% | 251.10 |
| 合　计 | | | | ¥2 790.00 | | ¥251.10 |

| 运输工具种类 | 运输工具牌号 | 起运地 | 到达地 | 运输货物名称 |
|---|---|---|---|---|
| 公路运输 | 黑A 120AE | 哈尔滨 | 滨江 | 轴承 |

| | | | |
|---|---|---|---|
| 价税合计（大写） | ⊗叁仟零肆拾壹元壹角整 | （小写） | ¥3 041.10 |
| 备注 | | | |

开票人：钱卫

33-3

ICBC 中国工商银行 多余款收账通知

付款期限 壹个月

## 银行汇票 4

汇票号码 第 号

出票日期（大写）：贰零贰叁年壹拾贰月零捌日　兑付地点：　兑付行：　行号：

收款人：光华机床有限责任公司　开户行及账号：中国工商银行滨江兴安支行83852674

出票金额 人民币（大写）肆万肆仟元整

实际结算金额 人民币（大写）肆万零捌佰玖拾陆元壹角整

| 千 | 百 | 十 | 万 | 千 | 百 | 十 | 元 | 角 | 分 |
|---|---|---|---|---|---|---|---|---|---|
| | | ¥ | 4 | 0 | 8 | 9 | 6 | 1 | 0 |

汇款人：　账号或地址：

签发行：　行号：

汇款用途：

签发行盖章

（印章：中国工商银行滨江兴安支行 2023.12.08 转讫）

多余金额

| 百 | 十 | 万 | 千 | 百 | 十 | 元 | 角 | 分 |
|---|---|---|---|---|---|---|---|---|
| | | ¥ | 3 | 1 | 0 | 3 | 9 | 0 |

左列退回多余金额已收入你方账户内。

财务主管 王力　复核 金红

此联由签发行结清后交申请人

34

## 电子发票（普通发票）

（印章：全国统一发票监制章 国家税务总局 辽宁省税务局）

发票号码：23212000000555132178

开票日期：2023年12月08日

购买方信息 名称：光华机床有限责任公司
统一社会信用代码/纳税人识别号：91210600603882153F

销售方信息 名称：滨江市鸭绿江购物中心
统一社会信用代码/纳税人识别号：91210600120877777W

| 项目名称 | 规格型号 | 单位 | 数量 | 单价 | 金额 | 税率/征收率 | 税额 |
|---|---|---|---|---|---|---|---|
| *纸制品*晒图纸 | | 张 | 2 | 87.38 | 174.76 | 3% | 5.24 |
| 合计 | | | | | ¥174.76 | | ¥5.24 |

价税合计（大写）⊗壹佰捌拾元整　（小写）¥180.00

（印章：现金付讫）

备注 销售方开户银行：中国工商银行滨江光明支行；银行账号：45831189

开票人：李平

35-1

## 领料单

领料部门：铸造分厂　2023年12月09日　第0868号

| 材料编号 | 材料名称 | 规格 | 单位 | 请领数量 | 实发数量 | 计划价格 单价 | 计划价格 金额 |
|---|---|---|---|---|---|---|---|
| 20011 | 劳保鞋 | | 双 | 20 | 20 | 30.00 | 600.00 |
| 20012 | 耐热手套 | | 副 | 10 | 10 | 4.50 | 45.00 |

| 用途 | 领料部门 负责人 | 领料部门 领料人 | 发料部门 核准人 | 发料部门 发料人 |
|---|---|---|---|---|
| 劳动保护用品 | | 王洪 | | 宋波 |

②仓库记账后转财会科

35-2

## 领料单

领料部门：机加工分厂 2023年12月09日 第0869号

| 材料编号 | 材料名称 | 规格 | 单位 | 请领数量 | 实发数量 | 计划价格 | |
|---|---|---|---|---|---|---|---|
| | | | | | | 单价 | 金额 |
| 20010 | 工作服 | | 套 | 10 | 10 | 35.90 | 359.00 |
| 20011 | 劳保鞋 | | 双 | 10 | 10 | 30.00 | 300.00 |

| 用途 | 领料部门 | | 发料部门 | |
|---|---|---|---|---|
| 劳动保护用品 | 负责人 | 领料人 | 核准人 | 发料人 |
| | | 姜文 | | 宋波 |

②仓库记账后转财会科

35-3

## 领料单

领料部门：机加工分厂 2023年12月09日 第0870号

| 材料编号 | 材料名称 | 规格 | 单位 | 请领数量 | 实发数量 | 计划价格 | |
|---|---|---|---|---|---|---|---|
| | | | | | | 单价 | 金额 |
| 30010 | 勾扳手 | | 个 | 30 | 30 | 4.80 | 144.00 |

| 用途 | 领料部门 | | 发料部门 | |
|---|---|---|---|---|
| 车间用 | 负责人 | 领料人 | 核准人 | 发料人 |
| | | 姜文 | | 宋波 |

②仓库记账后转财会科

35-4

## 领料单

领料部门：装配分厂 2023年12月09日 第0871号

| 材料编号 | 材料名称 | 规格 | 单位 | 请领数量 | 实发数量 | 计划价格 | |
|---|---|---|---|---|---|---|---|
| | | | | | | 单价 | 金额 |
| 20011 | 劳保鞋 | | 双 | 10 | 10 | 30.00 | 300.00 |

| 用途 | 领料部门 | | 发料部门 | |
|---|---|---|---|---|
| 劳动保护用品 | 负责人 | 领料人 | 核准人 | 发料人 |
| | | 贾力 | | 宋波 |

②仓库记账后转财会科

35-5

## 领料单

领料部门：装配分厂 2023年12月09日 第0872号

| 材料编号 | 材料名称 | 规格 | 单位 | 请领数量 | 实发数量 | 计划价格 | |
|---|---|---|---|---|---|---|---|
| | | | | | | 单价 | 金额 |
| 30011 | 法兰盘 | | 个 | 40 | 40 | 13.50 | 540.00 |
| 30012 | 螺钉 | | 盒 | 10 | 10 | 15.00 | 150.00 |

| 用途 | 领料部门 | | 发料部门 | |
|---|---|---|---|---|
| 车间用 | 负责人 | 领料人 | 核准人 | 发料人 |
| | | 贾力 | | 宋波 |

②仓库记账后转财会科

35-6

## 领料单

领料部门：机修分厂　　　　2023年12月09日　　　　第0873号

| 材料编号 | 材料名称 | 规格 | 单位 | 请领数量 | 实发数量 | 计划价格 | |
|---|---|---|---|---|---|---|---|
| | | | | | | 单价 | 金额 |
| 40010 | 专用工具 | | 把 | 10 | 10 | 45.00 | 450.00 |

| 用途 | 劳动保护用品 | 领料部门 | | 发料部门 | |
|---|---|---|---|---|---|
| | | 负责人 | 领料人 | 核准人 | 发料人 |
| | | | 王文丽 | | 宋　波 |

②仓库记账后转财会科

35-7

## 领料单

领料部门：机修分厂　　　　2023年12月09日　　　　第0874号

| 材料编号 | 材料名称 | 规格 | 单位 | 请领数量 | 实发数量 | 计划价格 | |
|---|---|---|---|---|---|---|---|
| | | | | | | 单价 | 金额 |
| 20011 | 劳保鞋 | | 双 | 10 | 10 | 30.00 | 300.00 |

| 用途 | 劳动保护用品 | 领料部门 | | 发料部门 | |
|---|---|---|---|---|---|
| | | 负责人 | 领料人 | 核准人 | 发料人 |
| | | | 王文丽 | | 宋　波 |

②仓库记账后转财会科

35-8

## 领料单

领料部门：配电分厂　　　　2023年12月09日　　　　第0875号

| 材料编号 | 材料名称 | 规格 | 单位 | 请领数量 | 实发数量 | 计划价格 | |
|---|---|---|---|---|---|---|---|
| | | | | | | 单价 | 金额 |
| 40010 | 专用工具 | | 把 | 10 | 10 | 45.00 | 450.00 |

| 用途 | 车间用 | 领料部门 | | 发料部门 | |
|---|---|---|---|---|---|
| | | 负责人 | 领料人 | 核准人 | 发料人 |
| | | | 张春风 | | 宋　波 |

②仓库记账后转财会科

35-9

## 领料单

领料部门：厂部　　　　2023年12月09日　　　　第0876号

| 材料编号 | 材料名称 | 规格 | 单位 | 请领数量 | 实发数量 | 计划价格 | |
|---|---|---|---|---|---|---|---|
| | | | | | | 单价 | 金额 |
| 20010 | 工作服 | | 套 | 3 | 3 | 35.90 | 107.70 |

| 用途 | 劳动保护用品 | 领料部门 | | 发料部门 | |
|---|---|---|---|---|---|
| | | 负责人 | 领料人 | 核准人 | 发料人 |
| | | | 王宏伟 | | 宋　波 |

②仓库记账后转财会科

35-10

# 发料汇总表（周转材料）

2023年12月09日　　　　金额单位：元

| 领料部门及用途 | | | 专用工具 | | 劳保鞋 | | 耐热手套 | | 工作服 | | 勾扳手 | | 法兰盘 | | 螺钉 | | 金额合计 |
|---|---|---|---|---|---|---|---|---|---|---|---|---|---|---|---|---|---|
| 科目 | | 用途 | 数量 | 金额 | 数量 | 金额 | 数量 | 金额 | 数量 | 金额 | 数量 | 金额 | 数量 | 金额 | 数量 | 金额 | |
| 制造费用 | 铸造分厂 | 劳动保护用品 | | | | | | | | | | | | | | | |
| | 机加工分厂 | 劳动保护用品 | | | | | | | | | | | | | | | |
| | | 车间用 | | | | | | | | | | | | | | | |
| | 装配分厂 | 劳动保护用品 | | | | | | | | | | | | | | | |
| | | 车间用 | | | | | | | | | | | | | | | |
| 生产成本——辅助生产成本 | 机修分厂 | 劳动保护用品 | | | | | | | | | | | | | | | |
| | 配电分厂 | 车间用 | | | | | | | | | | | | | | | |
| 管理费用 | 厂部 | 劳动保护用品 | | | | | | | | | | | | | | | |
| 合计 | | | | | | | | | | | | | | | | | |

制表：

36-1

# 收款收据

收款日期：2023年12月09日 №0042320

| 付款单位（交款人） | 铸造分厂 | 收款单位（收款人） | 光华机床有限责任公司 | 收款项目 | 罚款 |
|---|---|---|---|---|---|
| 人民币(大写) | 贰佰伍拾元整 | 百 十 万 千 百 十 元 角 分 | ¥ 2 5 0 0 0 | 结算方式 | 现金 |
| 收款事由 | 违章操作罚款 | 经办 | 部门 | 铸造分厂 | |
| | | | 人员 | 赵钢 | |
| 上述款项照数收讫无误。收款单位财务专用章：（领款人签章） | 会计主管 | 稽核 | 出纳 | 交款人 | |
| | 高林 | | 陈晓艺 | 赵钢 | |

第二联 收款单位记账凭证

（印章：光华机床有限责任公司 财务专用章）（印章：现金收讫）

36-2

# 罚款通知单

财务科：

铸造分厂工人赵钢因违章操作，经厂长办公会决定，对其罚款250元。

厂长办公室

2023年12月09日

（印章：光华机床有限责任公司）

37-1 ICBC 中国工商银行 结算业务申请书 2023年12月09日

| 客户填写 | | | | | |
|---|---|---|---|---|---|
| 业务类型 | □现金 ☑转账 | ☑对公 □个人 | □加急汇兑 □普通汇兑 ☑银行汇票 □其他 | | |
| 申请人 | 全称 | 光华机床有限责任公司 | 收款人 | 全称 | 抚顺煤矿 |
| | 账号或地址 | 83852674 | | 账号或地址 | 18005613 |
| | 开户行名称 | 中国工商银行滨江兴安支行 | | 开户行名称 | 中国工商银行抚顺昌华支行 |
| | 身份证件类型及号码 | □居民身份证 □其他 号码： | 用途 | 购煤 | |
| | 联系电话 | | | | |
| 人民币金额（大写） | 陆仟伍佰柒拾叁元玖角陆分 | | 十 亿 千 百 十 万 千 百 十 元 角 分 | ¥ 6 5 7 3 9 6 | |
| 附加信息 | | | 上列款项及相关费用同意从我账户内支付 客户签章 | | |
| 支付编码 | | | | | |

第二联 客户回单

（印章：中国工商银行 滨江兴安支行 2023.12.09 转讫）

会计主管： 复核： 记账：

37-2

**ICBC 中国工商银行**　　通用凭证

客户账号：83852674

客户中文名：光华机床有限责任公司

收费币种：01-人民币　　费用收费标志：0-收费

合计费用：5.00　　现转标志：1-转账

| 费税名称 | 手续费金额 | 收讫标志 | 欠费金额 |
| --- | --- | --- | --- |
| 手续费 | 5.00 | 1-已收讫 | 0.00 |

交易代码：8101　　交易日期：2023/12/09　　交易时间：10:18　　柜员流水号：001561000008

机构号：0133　　交易柜员：001561　　授权柜员：001203

中国工商银行
滨江兴安支行
2023.12.09
转
讫

客户签字：陈晓艺

38-1

# 领料单

领料部门：机修分厂　　2023年12月09日　　第0877号

| 材料编号 | 材料名称 | 规格 | 单位 | 请领数量 | 实发数量 | 计划价格 | |
| --- | --- | --- | --- | --- | --- | --- | --- |
| | | | | | | 单价 | 金额 |
| 15405 | 圆钢 | | 吨 | 2 | 2 | 3 000.00 | 6 000.00 |

| 用途 | | 领料部门 | | 发料部门 | |
| --- | --- | --- | --- | --- | --- |
| 用途 | 检修基本生产分厂设备 | 负责人 | 领料人 | 核准人 | 发料人 |
| | | | 宋林广 | | 宋　波 |

②仓库记账后转财会科

38-2

## 电子发票（增值税专用发票）

全国统一发票监制章
国家税务总局
辽宁省税务局

发票号码：23212000000000345021

开票日期：2023年12月09日

| 购买方信息 | 名称：光华机床有限责任公司<br>统一社会信用代码/纳税人识别号：91210600603882153F | 销售方信息 | 名称：滨江设备大修厂<br>统一社会信用代码/纳税人识别号：91210600603882289F |
| --- | --- | --- | --- |

| 项目名称 | 规格型号 | 单位 | 数量 | 单价 | 金额 | 税率/征收率 | 税额 |
| --- | --- | --- | --- | --- | --- | --- | --- |
| *劳务*修理修配劳务 | | | | | 9 200.00 | 13% | 1 196.00 |
| 合　计 | | | | | ¥9 200.00 | | ¥1 196.00 |

价税合计（大写）　⊗壹万零叁佰玖拾陆元整　　（小写）¥10 396.00

备注：销售方开户银行：中国工商银行滨江解放支行；银行账号：1977792189

开票人：李丽芳

38-3

ICBC 中国工商银行　转账支票存根

支票号码 03789627

附加信息

出票日期：2023年12月09日

| | |
|---|---|
| 收款人： | 滨江设备大修厂 |
| 金额： | ¥10 396.00 |
| 用途： | 检修设备 |

单位主管：高林　　会计：陈晓艺

39-1

电子发票（增值税专用发票）

发票号码：23212000000000875789

开票日期：2023年12月10日

| | |
|---|---|
| 购买方信息 | 名称：光华机床有限责任公司<br>统一社会信用代码/纳税人识别号：91210600603882153F |
| 销售方信息 | 名称：抚顺煤矿<br>统一社会信用代码/纳税人识别号：912104031195423257 |

| 项目名称 | 规格型号 | 单位 | 数量 | 单价 | 金额 | 税率/征收率 | 税额 |
|---|---|---|---|---|---|---|---|
| *选煤*煤 | | 吨 | 30 | 170.00 | 5 100.00 | 13% | 663.00 |
| 合计 | | | | | ¥5 100.00 | | ¥663.00 |
| 价税合计（大写） | ⊗伍仟柒佰陆拾叁元整 | | | | | （小写）¥5 763.00 | |
| 备注 | 销售方开户银行：中国工商银行抚顺昌华支行；银行账号：18005613 | | | | | | |

开票人：常丽心

39-2

货物运输服务

电子发票（增值税专用发票）

发票号码：23212000000003451496

开票日期：2023年12月10日

| | |
|---|---|
| 购买方信息 | 名称：光华机床有限责任公司<br>统一社会信用代码/纳税人识别号：91210600603882153F |
| 销售方信息 | 名称：抚顺速达运输有限公司<br>统一社会信用代码/纳税人识别号：912104001193248２XC |

| 项目名称 | 单位 | 数量 | 单价 | 金额 | 税率/征收率 | 税额 |
|---|---|---|---|---|---|---|
| *运输服务*国内道路货物运输服务 | | | | 744.00 | 9% | 66.96 |
| 合计 | | | | ¥744.00 | | ¥66.96 |

| 运输工具种类 | 运输工具牌号 | 起运地 | 到达地 | 运输货物名称 |
|---|---|---|---|---|
| 公路运输 | 辽D E5611 | 抚顺 | 滨江 | 煤 |

| | | |
|---|---|---|
| 价税合计（大写） | ⊗捌佰壹拾元零玖角陆分 | （小写）¥810.96 |
| 备注 | | |

开票人：江学良

注：款项用12月9日办理的银行汇票结算。

40　ICBC 中国工商银行　托收凭证（汇款依据或收账通知）　4

委托日期 2023 年 12 月 03 日　　付款期限 2023 年 12 月 10 日

| 业务类型 | 委托收款（□邮划 ☑电划）托收承付（□邮划 □电划） | | | |
|---|---|---|---|---|
| 付款人 全称 | 长春市机电公司 | 收款人 | 全称 | 光华机床有限责任公司 |
| 付款人 账号 | 32563155 | | 账号 | 83852674 |
| 付款人 开户银行 | 中国工商银行长春自由大路支行 | | 开户银行 | 中国工商银行滨江兴安支行 |
| 托收金额 | 人民币（大写）肆拾捌万壹仟壹佰玖拾元整 | | 千百十万千百十元角分 | ¥ 4 8 1 1 9 0 0 0 |
| 款项内容 | 销售货款 | 托收凭据名称 | 发票 | 附寄单证张数：2张 |
| 商品发运情况 | 已发运 | 合同名称号码 | 851 | |
| 备注：<br>复核　记账 | 上列款项已划入你方账户。<br>2023 年 12 月 10 日 | | 收款人开户银行签章 | |

中国工商银行 滨江兴安支行 2023.12.10 转讫

此联由付款人开户银行凭以汇款或收款人开户银行作收账通知

41-1

## 固定资产报废单

2023 年 12 月 10 日

| 资产编号 | 资产名称 | 单位 | 数量 | 原值 | 已提折旧 | 已提减值 | 净值 | 清理费用 | 变价收入 | 使用部门 | 报废原因 | 备注 |
|---|---|---|---|---|---|---|---|---|---|---|---|---|
| 0211 | 磨齿机 | 台 | 1 | 39 000 | 10 038.60 | | 28 961.40 | | 27 000 | 机加工分厂 | 不需用 | |
| 合计 | | | | 39 000 | 10 038.60 | | 28 961.40 | | 27 000 | | | |

经办：王宏伟　　复核：宋华文　　财务：高林

微课
固定资产处置的核算

41-2　ICBC 中国工商银行　进账单　（收账通知）　3

2023 年 12 月 10 日　　第 2003 号

| 出票人 全称 | 滨江市乡镇企业公司 | 收款人 全称 | 光华机床有限责任公司 |
|---|---|---|---|
| 出票人 账号 | 86753975 | 收款人 账号 | 83852674 |
| 出票人 开户银行 | 交通银行滨江开原支行 | 收款人 开户银行 | 中国工商银行滨江兴安支行 |
| 金额 人民币（大写） | 叁万零伍佰壹拾元整 | 千百十万千百十元角分 | ¥ 3 0 5 1 0 0 0 |
| 票据种类 | 支票 | 票据张数 | 1 |
| 票据号码 | | | |
| 复核　记账 | | 收款人开户行盖章 | |

中国工商银行 滨江兴安支行 2023.12.10 转讫

此联是收款人开户银行交给收款人的收账通知

41-3

# 电子发票（增值税专用发票）

发票号码：23212000000003407709

开票日期：2023年12月10日

| 购买方信息 | 名称：滨江市乡镇企业公司<br>统一社会信用代码/纳税人识别号：91210600603884769F | 销售方信息 | 名称：光华机床有限责任公司<br>统一社会信用代码/纳税人识别号：91210600603882153F |
|---|---|---|---|

| 项目名称 | 规格型号 | 单位 | 数量 | 单价 | 金额 | 税率/征收率 | 税额 |
|---|---|---|---|---|---|---|---|
| *机床*磨齿机 | MR1115 | 台 | 1 | 27 000.00 | 27 000.00 | 13% | 3 510.00 |
| 合计 | | | | | ¥27 000.00 | | ¥3 510.00 |
| 价税合计（大写） | ⊗叁万零伍佰壹拾元整 | | | | | （小写） | ¥30 510.00 |
| 备注 | 销售方开户银行：中国工商银行滨江兴安支行；银行账号：83852674 | | | | | | |

开票人：陈晓艺

42-1

滨江市人民医院

# 住院医疗费结算收据

共住20天

姓名：尚　文　　住院时间：2023年11月15日至2023年12月05日　　住院号681号

| 医疗费用明细 | 金额（千百十元角分） | 医疗费用明细 | 金额（千百十元角分） | 结算明细 | 金额（千百十元角分） |
|---|---|---|---|---|---|
| 1.住院费 | 835.00 | 8.输血费 | 1 500.00 | 预交金 | |
| 2.中草药费 | 44.00 | 9.输氧费 | 2 000.00 | 结算交款 | 8 000.00 |
| 3.中成药费 | | 10.镶装费 | | 结算退款 | |
| 4.西药费 | 129.00 | 11.检查治疗费 | 956.00 | 应收或欠款 | |
| 5.拍片、透视 | 136.00 | 12.接生费 | | | |
| 6.化验费 | | 13. | | | |
| 7.手术费 | 2 400.00 | 合计 | 8 000.00 | | |
| 人民币(大写) | 捌仟元整 | | | | |

收据

经办人：于力力　　2023年12月10日

注：尚文是行政科职员。

42-2

ICBC 中国工商银行　转账支票存根

支票号码03789628

附加信息

出票日期：2023年12月10日

| 收款人：滨江市人民医院 |
|---|
| 金　额：¥8 000.00 |
| 用　途：住院费（尚文） |

单位主管：高林　　会计：陈晓艺

43-1

# 固定资产租赁合同

2023年12月10日　　第5号

| | | | | | |
|---|---|---|---|---|---|
| 出租单位名称 | 光华机床有限责任公司 | | 租入单位名称 | 滨江市机床经销公司 | |
| 固定资产名称 | 装配分厂生产线 | 类　别 | | 原始价值 | 750 000元 |
| 租　金 | 每月8 400元 | 租赁期限 | 两年 | 备　注 | |

设备科长：宋华文　　财务科长：高　林　　经手人：赵　岩

43-2

## ICBC 中国工商银行　进账单　（收账通知）　3

2023年12月10日　　第2107号

| | | | | | |
|---|---|---|---|---|---|
| 出票人 | 全　称 | 滨江市机床经销公司 | 收款人 | 全　称 | 光华机床有限责任公司 |
| | 账　号 | 83852152 | | 账　号 | 83852674 |
| | 开户银行 | 中国工商银行滨江兴安支行 | | 开户银行 | 中国工商银行滨江兴安支行 |
| 金额 | 人民币（大写） | 玖仟肆佰玖拾贰元整 | | 千百十万千百十元角分 | ¥ 9 4 9 2 0 0 |
| 票据种类 | 支票 | 票据张数 | 1 | | |
| 票据号码 | | | | | |
| | 复核　　记账 | | | 收款人开户行盖章 | 中国工商银行滨江兴安支行 2023.12.10 转讫 |

此联是收款人开户银行交给收款人的收账通知

43-3

## 电子发票（增值税专用发票）

发票号码：23212000000003407710
开票日期：2023年12月10日

| | | | | | | | |
|---|---|---|---|---|---|---|---|
| 购买方信息 | 名称：滨江市机床经销公司<br>统一社会信用代码/纳税人识别号：91210600603881144F | | | 销售方信息 | 名称：光华机床有限责任公司<br>统一社会信用代码/纳税人识别号：91210600603882153F | | |
| 项目名称 | 规格型号 | 单位 | 数量 | 单价 | 金　额 | 税率/征收率 | 税　额 |
| *经营租赁*有形动产租赁 | | | | | 8 400.00 | 13% | 1 092.00 |
| 合　计 | | | | | ¥8 400.00 | | ¥1 092.00 |
| 价税合计（大写） | ⊗玖仟肆佰玖拾贰元整 | | | | | （小写） | ¥9 492.00 |
| 备注 | 销售方开户银行：中国工商银行滨江兴安支行；银行账号：83852674 | | | | | | |

开票人：陈晓艺

44-1

## 投资银行有价证券代保管单

2023年12月10日　　№034785

| 申请保管人 | 光华机床有限责任公司 | 单位及电话 | 36890451 | 保管明细表 | | |
|---|---|---|---|---|---|---|
| 面值总额 | 人民币（大写）伍拾万元整 | 十 万 千 百 十 元 角 分 | 5 0 0 0 0 0 0 0 | 名　称 | 张数 | 面值 |
| 保管期限 | 自2023年12月10日至2026年12月10日止 | | | 滨江市房屋开发总公司企业债券 | 10 000 | 50 |
| 保管费率‰ | | 保管费 | | | | |

备注
1. 一年为一个保管期，不足一年按一年收费，逾期不足一年，逾期时间按一年算。
2. 本保管单不得流通、抵押、转让。
3. “名称”栏内应注明何种债券及具体发债单位。
4. 提取证券时凭身份证办理。

受托单位：（盖章）
经办员：
复核员：

（印章：投资银行滨江市分行 业务专用章）

④ 领取保管券凭证

44-2

ICBC 中国工商银行　转账支票存根

支票号码 03789629

附加信息

出票日期：2023年12月10日

| | |
|---|---|
| 收款人： | 投资银行滨江市分行 |
| 金　额： | ¥540 000.00 |
| 用　途： | 购买债券 |

单位主管：高林　　会计：陈晓艺

（印章：光华机床有…… 财务……）

45-1

## 电子发票（普通发票）

（印章：全国统一发票监制章 国家税务总局 辽宁省税务局）

发票号码：23212000000555136389
开票日期：2023年12月10日

| 购买方信息 | 名称：光华机床有限责任公司<br>统一社会信用代码/纳税人识别号：91210600603882153F | 销售方信息 | 名称：滨江市天龙电脑公司<br>统一社会信用代码/纳税人识别号：91210600120878851W |
|---|---|---|---|

| 项目名称 | 规格型号 | 单位 | 数量 | 单价 | 金额 | 税率/征收率 | 税额 |
|---|---|---|---|---|---|---|---|
| *电子计算机*笔记本电脑 | THINKPAD | 台 | 1 | 6 694.62 | 6 694.62 | 3% | 200.84 |
| 合　计 | | | | | ¥6 694.62 | | ¥200.84 |
| 价税合计（大写） | ⊗陆仟捌佰玖拾伍元肆角陆分 | | | | | （小写） | ¥6 895.46 |
| 备注 | 销售方开户银行：中国工商银行滨江振兴支行；银行账号：22651891 | | | | | | |

开票人：张秉智

45-2

**ICBC 中国工商银行　转账支票存根**

支票号码 03789630

附加信息

出票日期：2023年12月10日

| | |
|---|---|
| 收款人： | 滨江市天龙电脑公司 |
| 金额： | ¥6 895.46 |
| 用途： | 笔记本电脑 |

单位主管：高林　　会计：陈晓艺

45-3

## 固定资产验收单

2023年12月10日

| 资产类别 | 资产编号 | 资产名称 | 计量单位 | 数量 | 原值（元） | 预计使用年限 | 增加方式 | 使用部门 |
|---|---|---|---|---|---|---|---|---|
| 电子设备及其他 | 0404 | 笔记本电脑 | 台 | 1 | 6 895.46 | 3年 | 直接购买 | 厂办 |
| 合计 | | | | | 6 895.46 | | | |

经办：王宏伟　　复核：宋华文　　财务：高　林

46

**ICBC 中国工商银行　借款偿还凭证**

2023年12月10日

| | | | |
|---|---|---|---|
| 贷款账号 | 13637640049 | 借款人名称 | 光华机床有限责任公司 |
| 还款账号 | 83852674 | 还款账户名称 | 光华机床有限责任公司 |
| 金额 | 人民币（大写）伍拾伍万元整 | ¥550 000.00 | |
| 放款日期 | 2019.01.20 | 原约定还款日期 | 2023.12.10 |

| 亿 | 千 | 百 | 十 | 万 | 千 | 百 | 十 | 元 | 角 | 分 |
|---|---|---|---|---|---|---|---|---|---|---|
| | | ¥ | 5 | 5 | 0 | 0 | 0 | 0 | 0 | 0 |

银行打印记录：

借款人名称：光华机床有限责任公司

贷款借据号：XYH2005002

还款账号：83852674　　贷款账号：13637640049

还款账户名称：光华机床有限责任公司

借据金额：550 000.00　　归还日期：2023/12/10

货币代号：01-人民币

交易代码：2023　　交易日期：2023/12/10

机构号：0133　　交易柜员：000610

柜员流水号：00061008

交易机构：　授权：　经办：　信贷：

现申请从还款账户中支取上述款项，用于偿还该项贷款本息。

还款人签章

或预留印鉴：

第三联　回执联

47-1

## 固定资产报废单

2023年12月10日

| 资产编号 | 资产名称 | 单位 | 数量 | 原值 | 已提折旧 | 已提减值 | 净值 | 清理费用 | 变价收入 | 使用部门 | 报废原因 | 备注 |
|---|---|---|---|---|---|---|---|---|---|---|---|---|
| 0202 | 锅炉 | 台 | 1 | 85 000 | 48 399 | | 36 601 | 4 500 | 9 000 | 铸造分厂 | 丧失使用功能 | |
| 合计 | | | | 85 000 | 48 399 | | 36 601 | 4 500 | 9 000 | | | |

经办：王宏伟　　复核：宋华文　　财务：高　林

47-2

## 电子发票（增值税专用发票）

发票号码：23212000000003407711
开票日期：2023年12月10日

（印章：全国统一发票监制章　国家税务总局　辽宁省税务局）

| 购买方信息 | 销售方信息 |
|---|---|
| 名称：滨江市物资回收公司<br>统一社会信用代码/纳税人识别号：912106006038801697 | 名称：光华机床有限责任公司<br>统一社会信用代码/纳税人识别号：9121060060388215 3F |

| 项目名称 | 规格型号 | 单位 | 数量 | 单价 | 金额 | 税率/征收率 | 税额 |
|---|---|---|---|---|---|---|---|
| *锅炉及辅助设备*锅炉 | | 台 | 1 | 9 000.00 | 9 000.00 | 13% | 1 170.00 |
| 合　计 | | | | | ¥9 000.00 | | ¥1 170.00 |

价税合计（大写）　⊗壹万零壹佰柒拾元整　　（小写）¥10 170.00

备注：销售方开户银行：中国工商银行滨江兴安支行；银行账号：83852674

开票人：陈晓艺

47-3

## ICBC 中国工商银行　进账单　（收账通知）　3

2023年12月10日　　第2109号

| 出票人 | | 收款人 | |
|---|---|---|---|
| 全称 | 滨江市物资回收公司 | 全称 | 光华机床有限责任公司 |
| 账号 | 45333115 | 账号 | 83852674 |
| 开户银行 | 中国工商银行滨江元丰支行 | 开户银行 | 中国工商银行滨江兴安支行 |

| 金额 | 人民币（大写） | 千 | 百 | 十 | 万 | 千 | 百 | 十 | 元 | 角 | 分 |
|---|---|---|---|---|---|---|---|---|---|---|---|
| | 壹万零壹佰柒拾元整 | | | ¥ | 1 | 0 | 1 | 7 | 0 | 0 | 0 |

| 票据种类 | 支票 | 票据张数 | 1 |
|---|---|---|---|
| 票据号码 | | | |

复核　　记账

（印章：中国工商银行滨江兴安支行　2023.12.10　转讫）

收款人开户行盖章

此联是收款人开户银行交给收款人的收账通知

47-4

ICBC 中国工商银行　转账支票存根

支票号码03789631

附加信息

出票日期：2023年12月10日

| | |
|---|---|
| 收款人： | 滨江市劳务公司 |
| 金额： | ¥4 500.00 |
| 用途： | 拆锅炉 |

单位主管：高林　　会计：陈晓艺

47-5

建筑服务

电子发票（普通发票）

发票号码：23212000000555144879

开票日期：2023年12月10日

| 购买方信息 | 名称：光华机床有限责任公司<br>统一社会信用代码/纳税人识别号：91210600603882153F | 销售方信息 | 名称：滨江市劳务公司<br>统一社会信用代码/纳税人识别号：912106001208725963 |
|---|---|---|---|

| 项目名称 | 建筑服务发生地 | 建筑项目名称 | 金额 | 税率/征收率 | 税额 |
|---|---|---|---|---|---|
| *建筑服务*其他建筑服务 | 滨江市兴安区 | 锅炉拆卸 | 4 368.93 | 3% | 131.07 |
| 合计 | | | ¥4 368.93 | | ¥131.07 |
| 价税合计（大写） | ⊗肆仟伍佰元整 | | | （小写） | ¥4 500.00 |

备注：土地增值税项目编号：—
跨地市标志：否

开票人：李红

48-1

## 固定资产验收单

2023年12月11日

| 资产类别 | 资产编号 | 资产名称 | 计量单位 | 数量 | 原值（元） | 预计使用年限 | 增加方式 | 使用部门 |
|---|---|---|---|---|---|---|---|---|
| 机器设备 | 0214 | 万能铣床 | 台 | 1 | 36 000 | 10年 | 投资者投入 | 机加工分厂 |
| 合计 | | | | | 36 000 | | | |

经办：王宏伟　　复核：宋华文　　财务：高　林

48-2

# 江城资产评估事务所文件

滨江〔2023〕字第201号

## 资产评估报告

光华机床有限责任公司：

我所受贵单位的委托，依据《中华人民共和国国有资产评估管理办法》、《中华人民共和国注册会计师法》和企业会计准则等规定，对贵公司接受滨江市机床附件厂投入的万能铣床1台进行评估。固定资产评估确定价值为36 000元。

资产评估专业人员：王　军

资产评估专业人员：张凡立

江城资产评估事务所

2023年12月11日

48-3

## 电子发票（增值税专用发票）

发票号码：23212000000003476281

开票日期：2023年12月11日

| | | | | | | | |
|---|---|---|---|---|---|---|---|
| 购买方信息 | 名称：光华机床有限责任公司<br>统一社会信用代码/纳税人识别号：91210600603882153F | | | 销售方信息 | 名称：滨江市机床附件厂<br>统一社会信用代码/纳税人识别号：91210600603885493F | | |
| 项目名称 | 规格型号 | 单位 | 数量 | 单价 | 金　额 | 税率/征收率 | 税　额 |
| *机床*万能铣床 | | 台 | 1 | 36 000.00 | 36 000.00 | 13% | 4 680.00 |
| 合　计 | | | | | ¥36 000.00 | | ¥4 680.00 |
| 价税合计（大写） | ⊗肆万零陆佰捌拾元整 | | | | | （小写） | ¥40 680.00 |
| 备注 | 销售方开户银行：中国工商银行滨江泉涌支行；银行账号：1977645639 | | | | | | |

开票人：李平

49

ICBC 中国工商银行

凭证

## 业务回单（付款）

日期：2023年12月11日

回单编号：193123279058

付款人户名：光华机床有限责任公司

付款人账号：83852674　　付款人开户行：中国工商银行滨江兴安支行

收款人户名：上海钢厂

收款人账号：72100546　　收款人开户行：浦发银行涌口支行

金额：贰拾捌万陆仟元整　　小写：286 000.00元

凭证种类：000000000　　凭证号码：0000000000000

摘要：支付货款　　用途：　　币种：人民币

交易机构：0060504559　　记账柜员：00083　　渠道：其他

交易代码：52285

附言：支付货款

支付交易序号：10001799　　报文种类：汇兑业务　　委托日期：2023年12月11日

业务类型（种类）：普通汇兑

本回单为第1次打印：注意重复　　打印日期：2023年12月11日

50-1

电子发票（增值税专用发票）

发票号码：23212000000003407712
开票日期：2023年12月12日

| | | | | | | | |
|---|---|---|---|---|---|---|---|
| 购买方信息 | 名称：顺达集团公司<br>统一社会信用代码/纳税人识别号：91210600604700036F | | | 销售方信息 | 名称：光华机床有限责任公司<br>统一社会信用代码/纳税人识别号：91210600603882153F | | |
| 项目名称 | 规格型号 | 单位 | 数量 | 单价 | 金额 | 税率/征收率 | 税额 |
| *机床*刻模铣床 | X4222 | 台 | 5 | 22 500.00 | 112 500.00 | 13% | 14 625.00 |
| 合计 | | | | | ¥112 500.00 | | ¥14 625.00 |
| 价税合计（大写） | ⊗壹拾贰万柒仟壹佰贰拾伍元整 | | | | | （小写）¥127 125.00 | |
| 备注 | 销售方开户银行：中国工商银行滨江兴安支行；银行账号：83852674 | | | | | | |

开票人：陈晓艺

50-2

ICBC 中国工商银行

凭证

业务回单（收款）

日期：2023年12月12日
回单编号：193123228912
付款人户名：顺达集团公司
付款人账号：84211617　　付款人开户行：中国工商银行大连广源支行
收款人户名：光华机床有限责任公司
收款人账号：83852674　　收款人开户行：中国工商银行滨江兴安支行
金额：壹拾贰万柒仟壹佰贰拾伍元整　　小写：127 125.00元
凭证种类：000000000　　凭证号码：0000000000000
摘要：货款　用途：　币种：人民币
交易机构：0060500200　记账柜员：00023　渠道：其他
交易代码：52297
附言：货款
支付交易序号：10007458　报文种类：汇兑业务　委托日期：2023年12月12日
业务类型（种类）：普通汇兑

中国工商银行滨江兴安支行 业务专用章 49EEF0B8B006

本回单为第1次打印：注意重复　打印日期：2023年12月12日

50-3

电子发票（普通发票）

发票号码：23212000000555148257
开票日期：2023年12月12日

| | | | | | | | |
|---|---|---|---|---|---|---|---|
| 购买方信息 | 名称：光华机床有限责任公司<br>统一社会信用代码/纳税人识别号：91210600603882153F | | | 销售方信息 | 名称：滨江装卸公司<br>统一社会信用代码/纳税人识别号：912106001208714895 | | |
| 项目名称 | 规格型号 | 单位 | 数量 | 单价 | 金额 | 税率/征收率 | 税额 |
| *物流辅助服务*装卸搬运服务 | | | | | 1 456.31 | 3% | 43.69 |
| 合计 | | | | | ¥1 456.31 | | ¥43.69 |
| 价税合计（大写） | ⊗壹仟伍佰元整 | | | | | （小写）¥1 500.00 | |
| 备注 | 销售方开户银行：中国建设银行滨江九江支行；银行账号：44794713 | | | | | | |

开票人：张雯

50-4

ICBC 中国工商银行　转账支票存根

支票号码 03789632

附加信息

出票日期：2023年12月12日

| | |
|---|---|
| 收款人： | 滨江装卸公司 |
| 金额： | ¥1 500.00 |
| 用途： | 装卸搬运 |

单位主管：高林　　会计：陈晓艺

光华机床有……财务

50-5

## 产品出库单

凭证编号：11005

用途：销售　　2023年12月12日　　产成品库：二号库

| 类别 | 编号 | 名称及规格 | 计量单位 | 数量 | 单位成本 | 总成本 | 附注： |
|---|---|---|---|---|---|---|---|
| | 25002 | 刻模铣床 X4222 | 台 | 5 | | | |
| | | | | | | | |
| 合计 | | | | | | | |

二 财务留存

记账：　保管：高军辉　检验：　制单：

51-1

ICBC 中国工商银行　　凭证

## 业务回单（付款）

日期：2023年12月12日

回单编号：193123279544

付款人户名：光华机床有限责任公司

付款人账号：83852674　　付款人开户行：中国工商银行滨江兴安支行

收款人户名：

收款人账号：　　收款人开户行：

金额：贰拾捌万壹仟叁佰零捌元整　　小写：281 308.00元

凭证种类：000000000　　凭证号码：0000000000000

摘要：代发代扣工资　　用途：　　币种：人民币

交易机构：0060504559　　记账柜员：00083　　渠道：其他

交易代码：52253

附言：

支付交易序号：10001863　　报文种类：代发代扣　　委托日期：2023年12月12日

业务类型（种类）：代发代扣

本回单为第1次打印：注意重复　　打印日期：2023年12月12日

中国工商银行滨江兴安支行 业务专用章 49EEF0B8B006

51-2

# 职工薪酬汇总表

2023年12月　　　　单位：元

| 车间部门 | | 基本工资 | 综合奖金 | 津贴 | 缺勤扣款 | 应付工资 | 代扣款项 | | | | | 实发工资 |
|---|---|---|---|---|---|---|---|---|---|---|---|---|
| | | | | | | | 养老保险 | 医疗保险 | 失业保险 | 住房公积金 | 个人所得税 | |
| 铸造 | 生产工人 | 51 200.00 | 9 300.00 | 6 400.00 | | 66 900.00 | 5 350.00 | 1 340.00 | 334.00 | 8 030.00 | 505.00 | 51 341.00 |
| | 管理人员 | 3 000.00 | 1 100.00 | 300.00 | 200.00 | 4 200.00 | 336.00 | 84.00 | 21.00 | 504.00 | 0.00 | 3 255.00 |
| 机加工 | 生产工人 | 56 000.00 | 26 660.00 | 16 000.00 | | 98 660.00 | 7 892.00 | 1 974.00 | 495.00 | 11 840.00 | 1 242.00 | 75 217.00 |
| | 管理人员 | 2 800.00 | 450.00 | 400.00 | | 3 650.00 | 292.00 | 73.00 | 18.00 | 438.00 | 0.00 | 2 829.00 |
| 装配 | 生产工人 | 51 000.00 | 19 110.00 | 14 250.00 | | 84 360.00 | 6 748.00 | 1 688.00 | 421.00 | 10 124.00 | 1 061.00 | 64 318.00 |
| | 管理人员 | 2 500.00 | 285.00 | 200.00 | | 2 985.00 | 239.00 | 60.00 | 15.00 | 358.00 | 0.00 | 2 313.00 |
| 辅助 | 机修分厂 | 6 500.00 | 1 207.00 | 600.00 | | 8 307.00 | 664.00 | 166.00 | 41.00 | 997.00 | 0.00 | 6 439.00 |
| | 配电分厂 | 2 800.00 | 460.00 | 400.00 | | 3 660.00 | 293.00 | 73.00 | 18.00 | 439.00 | 0.00 | 2 837.00 |
| 厂部 | | 83 200.00 | 10 080.00 | 1 000.00 | | 94 280.00 | 7 541.00 | 1 885.00 | 475.00 | 11 315.00 | 305.00 | 72 759.00 |
| 合计 | | 259 000.00 | 68 652.00 | 39 550.00 | 200.00 | 367 002.00 | 29 355.00 | 7 343.00 | 1 838.00 | 44 045.00 | 3 113.00 | 281 308.00 |

制表：高国有

52-1

# 现金盘点报告单

| 日期 | 账面余额 | 实际库存额 | 长款 | 短款 | 原因 | 处理意见 |
|---|---|---|---|---|---|---|
| 2023.12.12 | 540.00 | 490.00 | | 50.00 | 多付款 | 个人赔偿 |
| | | | | | | |

出纳：陈晓艺　　　　会计：　　　　财务科长：高　林

52-2

# 收款收据

收款日期：2023年12月13日　　　　№0042321

| | | | | | | | | | | | |
|---|---|---|---|---|---|---|---|---|---|---|---|
| 付款单位（交款人） | 财会科 | 收款单位（收款人） | 光华机床有限责任公司 | | | | | 收款项目 | | | |
| 人民币（大写） | 伍拾元整 | 百 | 十 | 万 | 千 | 百 | 十 | 元 | 角 | 分 | 结算方式 |
| | | | | | | ¥ | 5 | 0 | 0 | 0 | 现金 |
| 收款事由 | 库存现金短款抵赔 | | | 部门 | 财会科 | | | | | | |
| | | | | 人员 | 陈晓艺 | | | | | | |
| 上述款项照数收讫无误。收款单位财务专用章：（领款人签章） | | 会计主管 | 稽核 | 出纳 | 交款人 | | | | | | |
| | | 高林 | | 陈晓艺 | 陈晓艺 | | | | | | |

光华机床有限责任公司　现金收讫

第二联　收款单位记账凭证

53-1

## 电子发票（增值税专用发票）

发票号码：23212000000003407713
开票日期：2023年12月13日

| 购买方信息 | 名称：沈阳市机电公司<br>统一社会信用代码/纳税人识别号：91210105117915191G | 销售方信息 | 名称：光华机床有限责任公司<br>统一社会信用代码/纳税人识别号：91210600603882153F |
|---|---|---|---|

| 项目名称 | 规格型号 | 单位 | 数量 | 单价 | 金额 | 税率/征收率 | 税额 |
|---|---|---|---|---|---|---|---|
| *机床*普通车床 | CA614/1000 | 台 | 3 | 42 300.00 | 126 900.00 | 13% | 16 497.00 |
| 合　计 | | | | | ¥126 900.00 | | ¥16 497.00 |
| 价税合计（大写） | ⊗壹拾肆万叁仟叁佰玖拾柒元整 | | | | | （小写） | ¥143 397.00 |
| 备注 | 销售方开户银行：中国工商银行滨江兴安支行；银行账号：83852674 | | | | | | |

开票人：陈晓艺

注：此业务与合同负债和应交税费期初余额相关。

53-2

## 产品出库单

凭证编号：11006

用途：销售　　2023年12月15日　　产成品库：一号库

| 类别 | 编号 | 名称及规格 | 计量单位 | 数量 | 单位成本 | 总成本 | 附注： |
|---|---|---|---|---|---|---|---|
| | 25001 | 普通车床CA6140/1000 | 台 | 3 | | | |
| | | | | | | | |
| 合　计 | | | | | | | |

二 财务留存

记账：　　保管：高军辉　　检验：　　制单：

54

ICBC 中国工商银行　现金支票存根

支票号码02789601

附加信息

出票日期：2023年12月13日

| 收款人： | 光华机床有限责任公司 |
|---|---|
| 金额： | ¥17 000.00 |
| 用途： | 备用金 |

单位主管：高林　　会计：陈晓艺

55-1

# 债务重组协议

甲方（债权方）：宏达轴承厂

乙方（债务方）：光华机床有限责任公司

2020年3月乙方购甲方材料欠货款549 000元，由于双方因质量问题产生分歧，乙方货款一直未能支付。现经双方多次协商，达成新的付款协议，乙方以500 000元清偿前欠甲方的货款。

本协议自双方签章开始生效。

甲方：宏达轴承厂　　　　乙方：光华机床有限责任公司

法定代表人：李明　　　　法定代表人：王兴海

2023年12月13日　　　　2023年12月13日

55-2

ICBC 中国工商银行　　　　凭证

## 业务回单（付款）

日期：2023年12月13日

回单编号：193123228929

付款人户名：光华机床有限责任公司

付款人账号：83852674　　　　付款人开户行：中国工商银行滨江兴安支行

收款人户名：宏达轴承厂

收款人账号：84217989　　　　收款人开户行：中国工商银行大连站前支行

金额：伍拾万元整　　　　小写：500 000.00元

凭证种类：000000000　　　　凭证号码：0000000000000

摘要：货款　　用途：　　币种：人民币

交易机构：0060500200　　记账柜员：00023　　渠道：其他

交易代码：52320

附言：货款

支付交易序号：10007520　　报文种类：汇兑业务　　委托日期：2023年12月13日

业务类型（种类）：普通汇兑

本回单为第1次打印：注意重复　　　　打印日期：2023年12月13日

## 场景二：

时间：周三 第二节
地点：会计模拟实训室 A101
教师：汪洋

经过两周的会计综合模拟实训课，大多数同学的学习热情很高。几个小组的进度不一，有些同学业务处理已经过半，实训过程中也发现和解决了一些问题。现在请同学们针对存在的疑问提问。

**同学**

我们在分析业务原始凭证时，发现一些类似合同、协议的文件。例如，业务23、业务43、业务55等，这些业务的发生是由其他业务部门的人员参与完成的。企业本身有法务部门或法律顾问，所以，我们会计人员是否要对其业务内容的合法性负主要责任？

**汪洋老师**

企业在日常业务开展过程中，会涉及许许多多的各种法律方面的条款。企业的法务部门或法律顾问是责无旁贷的。但财务部门作为企业经济管理的综合部门，在各项业务发生和处理时，也要发挥其应有的监督作用。从事财务会计工作一定要知法懂法，而不能被动地只会记账、算账，不知晓其业务内容的合法性。我们现在要尽可能多地掌握与各类法律相关的知识，特别是经济法，绝不能以不懂为由推卸责任。

我国《会计职业道德规范》规定，会计人员要保持高度的法律责任意识，做到遵纪守法，尽职尽责。会计人员不仅要遵纪守法，不违法乱纪、以权谋私，做到廉洁自律；而且要敢于、善于运用法律所赋予的权利，尽职尽责，勇于承担职业责任，履行职业义务，在维护企业经济利益的同时，保持廉洁自律。

习近平法治思想是顺应实现中华民族伟大复兴时代要求应运而生的的重大理论创新成果，是全面依法治国的根本遵循和行动指南。全面依法治国涵盖各行各业、各个领域，作为即将从事财务会计工作的应用型人才，在本领域法治建设中要做到以下几点：

1. 诚信为本。
2. 操守为重。
3. 坚持准则。

同时，做好“三坚三守”：

1. 坚持诚信，守法奉公。这是对会计人员的自律要求。
2. 坚持准则，守责敬业。这是对会计人员的履职要求。
3. 坚持学习，守正创新。这是对会计人员的发展要求。

56

# 收款收据

收款日期：2023年12月14日　　№0042322

| 付款单位（交款人） | 光华机床有限责任公司 | 收款单位（收款人） | 张涛 | 收款项目 | |
|---|---|---|---|---|---|
| 人民币（大写） | 叁仟元整 | 百 十 万 千 百 十 元 角 分 | ¥ 3 0 0 0 0 0 | 结算方式 | 现金 |
| 收款事由 | 补领工资 | 现金付讫 | | 部门 | 财会科 |
| | | | | 人员 | 陈晓艺 |
| 上述款项照数收讫无误。收款单位财务专用章：（领款人签章）张涛 | 会计主管 | 稽核 | 出纳 | 交款人 | |
| | 高林 | | 陈晓艺 | | |

第一联 付款单位记账凭证

57-1

# 电子发票（增值税专用发票）

发票号码：23212000000003407714
开票日期：2023年12月14日

| 购买方信息 | 名称：滨江市小型机车厂<br>统一社会信用代码/纳税人识别号：91210600117917433G | 销售方信息 | 名称：光华机床有限责任公司<br>统一社会信用代码/纳税人识别号：91210600603882153F |
|---|---|---|---|

| 项目名称 | 规格型号 | 单位 | 数量 | 单价 | 金额 | 税率/征收率 | 税额 |
|---|---|---|---|---|---|---|---|
| *无形资产*非专利技术 | | | | | 33 018.87 | 6% | 1 981.13 |
| 合　计 | | | | | ¥33 018.87 | | ¥1 981.13 |
| 价税合计（大写） | ⊗叁万伍仟元整 | | | | | （小写） | ¥35 000.00 |
| 备注 | 销售方开户银行：中国工商银行滨江兴安支行；银行账号：83852674 | | | | | | |

开票人：陈晓艺

注：该专有技术账面价值15 000元（原值15 000元，没有摊销）。

57-2

# ICBC 中国工商银行　进账单　（收账通知）　3

2023年12月14日　　第2339号

| 出票人 | 全称 | 滨江市小型机车厂 | 收款人 | 全称 | 光华机床有限责任公司 |
|---|---|---|---|---|---|
| | 账号 | 83836782 | | 账号 | 83852674 |
| | 开户银行 | 中国工商银行滨江兴安支行 | | 开户银行 | 中国工商银行滨江兴安支行 |
| 金额 | 人民币（大写） | 叁万伍仟元整 | 千 百 十 万 千 百 十 元 角 分 | ¥ 3 5 0 0 0 0 0 | |
| 票据种类 | 支票 | 票据张数 | 1 | 中国工商银行滨江兴安支行 2023.12.14 转讫 | |
| 票据号码 | | | | 收款人开户行盖章 | |
| 复核 | 记账 | | | | |

此联是收款人开户银行交给收款人的收账通知

58

## 电子发票（普通发票）

（印章：全国统一发票监制章　国家税务总局　辽宁省税务局）

发票号码：23212000000555127168
开票日期：2023年12月14日

| | | | | | | | |
|---|---|---|---|---|---|---|---|
| 购买方信息 | 名称：光华机床有限责任公司<br>统一社会信用代码/纳税人识别号：91210600603882153F | | | 销售方信息 | 名称：滨江市长城饭店<br>统一社会信用代码/纳税人识别号：912106001208788546 | | |
| 项目名称 | 规格型号 | 单位 | 数量 | 单价 | 金额 | 税率/征收率 | 税额 |
| *餐饮服务*餐饮服务 | | | | | 354.37 | 3% | 10.63 |
| 合　计 | | | | | ¥354.37 | | ¥10.63 |
| 价税合计（大写） | ⊗叁佰陆拾伍元整 | | | | （小写）¥365.00 | | |
| 备注 | 销售方开户银行：中国建设银行滨江九江支行；银行账号：44797652 | | | | | | |

开票人：王昌

（印章：现金付讫）

59

## 借款单（记账）

2023年12月14日　　第 156 号

| | | | | | | | |
|---|---|---|---|---|---|---|---|
| *借款单位 | 销售科 | *姓名 | 王强 | *级别 | 科员 | *出差地点 | 山西等地 |
| | | | | | | 天　数 | 15天 |
| *事由 | 销售新产品 | *借款金额(大写) | 肆仟元整 | | ¥4 000.00 | | |
| 单　位<br>负责人 | 王兴海 | *借款人 | 王强 | 注意事项 | 一、有*者由借款人填写<br>二、凡借用公款必须使用本单<br>三、第三联为正式借据，由借款人和单位负责人签字或盖章<br>四、出差返回后三日内结算 | | |
| 授权人 | 同意<br>李立峰 | 审核人 | 同意<br>高林 | | | | |

第三联　借款记账凭证

（印章：现金付讫）

60

## ICBC 中国工商银行　进账单　（收账通知）　3

2023年12月14日　　第2351号

| | | | | | |
|---|---|---|---|---|---|
| 出票人 | 全　称 | 滨江市机床经销公司 | 收款人 | 全　称 | 光华机床有限责任公司 |
| | 账　号 | 83852152 | | 账　号 | 83852674 |
| | 开户银行 | 中国工商银行滨江兴安支行 | | 开户银行 | 中国工商银行滨江兴安支行 |
| 金额 | 人民币（大写） | 壹拾万元整 | | 千百十万千百十元角分 | ¥1 0 0 0 0 0 0 0 |
| 票据种类 | 支票 | 票据张数 | 1 | | |
| 票据号码 | | | | | |
| | 复核　　记账 | | 收款人开户行盖章 | | |

此联是收款人开户银行交给收款人的收账通知

（印章：中国工商银行　滨江兴安支行　2023.12.14　转讫）

61-1

## 锅炉在建工程决算书

竣工日期：2023年12月15日　　　　№195

| 工程项目 | 铸造分厂锅炉在建 | 施工方式 | 出包工程 |
|---|---|---|---|
| 预算价 | 87 000.00 | 决算价 | 87 000.00 |
| 累计已付数额：67 000.00 | | | |
| 决算应付数额：87 000.00 | | | |

总工程师：　　　　总会计师：

（印章：光华机床有限责任公司 财务专用章）

61-2

## 固定资产验收单

2023年12月15日

| 资产类别 | 资产编号 | 资产名称 | 计量单位 | 数量 | 原值（元） | 预计使用年限 | 增加方式 | 使用部门 |
|---|---|---|---|---|---|---|---|---|
| 机器设备 | 0215 | 锅炉 | 台 | 1 | 87 000 | 10年 | 在建工程转入 | 铸造分厂 |
| 合计 | | | | | 87 000 | | | |

经办：王宏伟　　复核：宋华文　　财务：高林

61-3

ICBC 中国工商银行　转账支票存根

支票号码 03789633

附加信息

出票日期：2023年12月15日

| | |
|---|---|
| 收款人： | 滨江市锅炉制造厂 |
| 金额： | ¥20 000.00 |
| 用途： | 建锅炉 |

单位主管：高林　　会计：陈晓艺

（印章：光华机床有……财务……）

61-4

建筑服务

## 电子发票（普通发票）

（印章：全国统一发票监制章 国家税务总局 辽宁省税务局）

发票号码：23212000000555155247

开票日期：2023年12月15日

| 购买方信息 | 名称：光华机床有限责任公司<br>统一社会信用代码/纳税人识别号：91210600603882153F | 销售方信息 | 名称：滨江市锅炉制造厂<br>统一社会信用代码/纳税人识别号：912106001208778354 |
|---|---|---|---|

| 项目名称 | 建筑服务发生地 | 建筑项目名称 | 金额 | 税率/征收率 | 税额 |
|---|---|---|---|---|---|
| *建筑服务*安装服务 | 滨江市兴安区 | 锅炉安装 | 19 417.48 | 3% | 582.52 |
| 合计 | | | ¥19 417.48 | | ¥582.52 |
| 价税合计（大写） | ⊗贰万元整 | | | （小写） | ¥20 000.00 |

备注：土地增值税项目编号：—
跨地（市标志）：否

开票人：张芳

微课

缴纳社会保险费和住房公积金的核算

62-1

# 中华人民共和国
# 税收完税证明

No.421065231100007393

填发日期：2023年12月15日　　税务机关：国家税务总局滨江市税务局

| 纳税人识别号 | 91210600603882153F | | 纳税人名称 | 光华机床有限责任公司 | |
|---|---|---|---|---|---|
| 原凭证号 | 税种 | 品目名称 | 税款所属时期 | 入（退）库日期 | 实缴（退）金额 |
| 321066230200017 | 企业职工基本养老保险费 | 职工基本养老保险（单位缴纳） | 2023-12-01至2023-12-31 | 2023-12-15 | 58 718.00 |
| 321066230200017 | 企业职工基本养老保险费 | 职工基本养老保险（个人缴纳） | 2023-12-01至2023-12-31 | 2023-12-15 | 29 355.00 |
| 321066230200018 | 失业保险费 | 失业保险（单位缴纳） | 2023-12-01至2023-12-31 | 2023-12-15 | 1 838.00 |
| 321066230200018 | 失业保险费 | 失业保险（个人缴纳） | 2023-12-01至2023-12-31 | 2023-12-15 | 1 838.00 |
| 321066230200019 | 基本医疗保险费 | 职工基本医疗保险（单位缴纳） | 2023-12-01至2023-12-31 | 2023-12-15 | 27 533.00 |
| 321066230200019 | 基本医疗保险费 | 职工基本医疗保险（个人缴纳） | 2023-12-01至2023-12-31 | 2023-12-15 | 7 343.00 |
| 321066230200020 | 工伤保险费 | 工伤保险 | 2023-12-01至2023-12-31 | 2023-12-15 | 6 239.00 |
| 金额合计 | （大写）壹拾叁万贰仟捌佰陆拾肆元整 | | | | ¥132 864.00 |
| 税务机关（盖章） | 填票人 电子税务局 | 备注 | | | |

（第1次打印）妥善保管

收据联　交纳税人作完税证明

（印章：国家税务总局滨江市税务局 0101号 征税专用章）

62-2

## 中国工商银行电子缴税付款凭证

缴税日期：2023年12月15日　　凭证字号：201258798865

纳税人名称及纳税人识别号：光华机床有限责任公司　91210600603882153F
纳税人全称：光华机床有限责任公司
纳税人账号：83852674　　征收机关名称：国家税务总局滨江市税务局
纳税人开户行：中国工商银行滨江兴安支行　　收款国库（银行）名称：国家金库滨江市支库
小写（合计）金额：132 864.00元　　缴款书交易流水号：3725402
大写（合计）金额：壹拾叁万贰仟捌佰陆拾肆元整　　税票号码：421065231100007393

| 税（费）种名称 | 所属日期 | 实缴金额（单位：元） |
|---|---|---|
| 企业职工基本养老保险费 | 2023-12-01至2023-12-31 | 88 073.00 |
| 基本医疗保险费 | 2023-12-01至2023-12-31 | 34 876.00 |
| 失业保险费 | 2023-12-01至2023-12-31 | 3 676.00 |
| 工伤保险费 | 2023-12-01至2023-12-31 | 6 239.00 |

第一次打印　　打印时间：2023年12月15日

（印章：中国工商银行滨江兴安支行 自动回单机专用章 （001））

62-3

ICBC 中国工商银行　　凭证

## 业务回单（付款）

日期：2023年12月15日
回单编号：193123279546
付款人户名：光华机床有限责任公司
付款人账号：83852674　　付款人开户行：中国工商银行滨江兴安支行
收款人户名：滨江市住房公积金管理中心
收款人账号：85965876　　收款人开户行：中国工商银行滨江兴安支行
金额：捌万捌仟零玖拾元整　　小写：88 090.00元
凭证种类：000000000　　凭证号码：0000000000000
摘要：缴纳住房公积金　　用途：　　币种：人民币
交易机构：0060504559　　记账柜员：00083　　渠道：其他
交易代码：52258

附言：
支付交易序号：10001879　　报文种类：汇兑业务　　委托日期：2023年12月15日
业务类型（种类）：普通汇兑

本回单为第1次打印：注意重复　　打印日期：2023年12月15日

（印章：中国工商银行滨江兴安支行 业务专用章 49EEF0B8B006）

62-4

# 社会保险费和住房公积金汇总表

2023年12月　　单位：元

| 车间、部门 | | 养老保险 | 医疗保险 | 失业保险 | 工伤保险 | 住房公积金 | 合计 |
|---|---|---|---|---|---|---|---|
| 铸造 | 生产工人 | 10 705.00 | 5 019.00 | 334.00 | 1 138.00 | 8 030.00 | 25 226.00 |
| | 管理人员 | 672.00 | 315.00 | 21.00 | 71.00 | 504.00 | 1 583.00 |
| 机加工 | 生产工人 | 15 783.00 | 7 402.00 | 495.00 | 1 677.00 | 11 840.00 | 37 197.00 |
| | 管理人员 | 584.00 | 274.00 | 18.00 | 62.00 | 438.00 | 1 376.00 |
| 装配 | 生产工人 | 13 496.00 | 6 327.00 | 421.00 | 1 434.00 | 10 124.00 | 31 802.00 |
| | 管理人员 | 478.00 | 224.00 | 15.00 | 51.00 | 358.00 | 1 126.00 |
| 辅助 | 机修分厂 | 1 329.00 | 623.00 | 41.00 | 142.00 | 997.00 | 3 132.00 |
| | 配电分厂 | 586.00 | 275.00 | 18.00 | 62.00 | 439.00 | 1 380.00 |
| 厂部 | | 15 085.00 | 7 074.00 | 475.00 | 1 602.00 | 11 315.00 | 35 551.00 |
| 合计 | | 58 718.00 | 27 533.00 | 1 838.00 | 6 239.00 | 44 045.00 | 138 373.00 |

制表：高国有

注：不含个人缴纳部分。

63-1

# 电子发票（增值税专用发票）

发票号码：23212000000555155882
开票日期：2023年12月16日

(印章：全国统一发票监制章 国家税务总局 辽宁省税务局)

| 购买方信息 | 名称：光华机床有限责任公司<br>统一社会信用代码/纳税人识别号：91210600603882153F | 销售方信息 | 名称：滨江市木器厂<br>统一社会信用代码/纳税人识别号：912106001208212325 |
|---|---|---|---|

| 项目名称 | 规格型号 | 单位 | 数量 | 单价 | 金额 | 税率/征收率 | 税额 |
|---|---|---|---|---|---|---|---|
| *塑料制品*包装箱 | | 个 | 70 | 380.00 | 26 600.00 | 13% | 3 458.00 |
| 合计 | | | | | ¥26 600.00 | | ¥3 458.00 |
| 价税合计（大写） | ⊗叁万零伍拾捌元整 | | | | （小写）¥30 058.00 | | |
| 备注 | 销售方开户银行：中国工商银行滨江振兴支行；银行账号：22651892 | | | | | | |

开票人：孙梅

63-2

ICBC 中国工商银行　转账支票存根

支票号码03789634

附加信息

出票日期：2023年12月16日

| | |
|---|---|
| 收款人： | 滨江市木器厂 |
| 金额： | ¥30 058.00 |
| 用途： | 购包装箱 |

单位主管：高林　　会计：陈晓艺

(印章：光华机床有…财务…)

64-1

## 电子发票（普通发票）

发票号码：23212000000555122165
开票日期：2023年12月16日

| | |
|---|---|
| 购买方信息 名称：光华机床有限责任公司<br>统一社会信用代码/纳税人识别号：91210600603882153F | 销售方信息 名称：滨江机床研究所<br>统一社会信用代码/纳税人识别号：912106001208787413 |

| 项目名称 | 规格型号 | 单位 | 数量 | 单价 | 金额 | 税率/征收率 | 税额 |
|---|---|---|---|---|---|---|---|
| *无形资产*专利技术 | | | | | 27 184.47 | 3% | 815.53 |
| 合计 | | | | | ¥27 184.47 | | ¥815.53 |
| 价税合计（大写） | ⊗贰万捌仟元整 | | | | | （小写） | ¥28 000.00 |

备注：销售方开户银行：中国建设银行滨江光华支行；银行账号：83852716

开票人：白玲

64-2

ICBC 中国工商银行 转账支票存根

支票号码 03789635

附加信息

出票日期：2023年12月16日

| | |
|---|---|
| 收款人： | 滨江机床研究所 |
| 金额： | ¥28 000.00 |
| 用途： | 购专利技术 |

单位主管：高林　　会计：陈晓艺

65-1

## 短期借款申请书

2023年11月5日

| 企业名称 | 光华机床有限责任公司 | 法定代表人 | 王兴海 | 企业性质 | 有限责任 |
|---|---|---|---|---|---|
| 地址 | 滨江市兴安区锦江路85号 | 财务负责人 | 高林 | 联系电话 | 0415-36890451 |
| 经营范围 | 生产、销售机床等系列产品 | 主管部门 | 顺达集团公司 | | |
| 借款期限 | 自2023年12月15日至2024年12月15日 | | | 申请金额 | 400 000元 |
| 主要用途及效益说明：<br>由于设备陈旧，生产效率低，申请技术改造贷款 | | | | | |
| 申请单位财务章：<br>财务部门负责人：高林　　经办人： | | 信贷员意见：<br>行主管领导：张丰 | | 信贷部门负责人：李军 | |

65-2

ICBC 中国工商银行　　**借款借据**　　0005898

借据号：XYH2023059　　借款合同编号：80102459

| 借款人名称 | 光华机床有限责任公司 | | | | | 结算账号 | 83852674 |
|---|---|---|---|---|---|---|---|
| 放款账户名称 | 光华机床有限责任公司 | | | | | 放款账号 | 83852674 |
| 贷款种类 | 短期 | 贷款科目 | 短期质押 | 行业分类 | 制造业 | 贷款账号 | 23337640049 |
| 贷款金额 | 人民币（大写）肆拾万元整 | | | | | 千 百 十 万 千 百 十 元 角 分 | ¥ 4 0 0 0 0 0 0 0 |
| 借款期限 | 自2023年12月15日起至2024年12月15日止 | | | | | 基准利率 5.6% | 期限内月利率　逾期后月利率 |

以上借款已转入放款账户

（借款人签章）　　（银行签章）

中国工商银行滨江兴安支行 2023.12.16 转讫

光华机床有限责任公司 财务专用章　　王兴海印

支行信贷员签字：张海　　支行信贷部经理签字：李军　　支行行长签字：张丰

银行机打记录：

| | |
|---|---|
| 客户号：020000022515 | 借款人名称：光华机床有限责任公司 |
| 产品名称：抵押贷款 | 贷款合同号：80102459 |
| 贷款借据号：XYH2023059 | 贷款账号：23337640049 |
| 入账账号：83852674 | 入账账户名称：光华机床有限责任公司 |
| 还款账号：83852674 | 还款账户名称：光华机床有限责任公司 |
| 贷款期限：12个月 | 到期日期：2024/12/15 |
| 货币代号：01-人民币 | 借据金额：400 000.00 |
| 执行利率：5.6% | 年/月利率：Y-年利率 |

交易代码：2010　交易日期：2023年12月16日　交易时间：14:35　柜员流水号：0006769266

机构号：0133　交易柜员：000676　授权柜员：

主管：　会计：

第四联　借款放款账户收款回执

---

66

**收款收据**

收款日期：2023年12月18日　　№0042323

| 付款单位（交款人） | 行政科 | 收款单位（收款人） | 光华机床有限责任公司 | 收款项目 | 备用金 |
|---|---|---|---|---|---|
| 人民币（大写） | 壹仟肆佰元整 | 百 十 万 千 百 十 元 角 分 | ¥ 1 4 0 0 0 0 | 结算方式 | 现金 |
| 收款事由 | 收回备用金 | 经办 | 部门 | 行政科 | |
| | | | 人员 | 尚文 | |
| 上述款项照数收讫无误。收款单位财务专用章（领款人签章） | 会计主管 | 稽核 | 出纳 | 交款人 | |
| | 高林 | | 陈晓艺 | 尚文 | |

光华机床有限责任公司 财务专用章　　现金收讫

第二联　收款单位记账凭证

67

**ICBC 中国工商银行　现金缴款单**

2023年12月18日

<table>
<tr><td rowspan="6">客户填写</td><td>收款人名称</td><td colspan="3">光华机床有限责任公司</td></tr>
<tr><td>收款人账号</td><td>83852674</td><td>收款人开户行</td><td>中国工商银行滨江兴安支行</td></tr>
<tr><td>交款人</td><td></td><td>款项来源</td><td>备用金</td></tr>
<tr><td>币种 人民币☑ 外币☐</td><td colspan="2">大写：壹仟壹佰肆拾元整</td><td>千 百 十 万 千 百 十 元 角 分<br>¥ 1 1 4 0 0 0</td></tr>
<tr><td>卷别</td><td colspan="3">100元 | 50元 | 20元 | 10元 | 5元 | 1元 | 5角 | 1角 | 辅币</td></tr>
<tr><td>张数</td><td colspan="3">10 | 2 | | 4 | | | | |</td></tr>
<tr><td>银行打印</td><td colspan="4">客户账户名称：光华机床有限责任公司<br>客户账号：83852674　货币代号：01-人民币<br>交易金额：1 140.00　账户序号：0001<br>金额大写：壹仟壹佰肆拾元整<br>交易代码：1092　交易日期：2023/12/18　交易时间：15:21　柜员流水号：00123600000018<br>机构号：0133　交易柜员：001236　授权柜员：001258</td></tr>
</table>

第二联 回单

中国工商银行 滨江兴安支行 2023.12.18 转讫

68-1

**电子发票（增值税专用发票）**

全国统一发票监制章 国家税务总局 辽宁省税务局

发票号码：23212000000555374965
开票日期：2023 年 12 月 18 日

| | |
|---|---|
| 购买方信息　名称：光华机床有限责任公司<br>统一社会信用代码/纳税人识别号：91210600603882153F | 销售方信息　名称：滨江市自来水公司<br>统一社会信用代码/纳税人识别号：912106001208348147 |

| 项目名称 | 规格型号 | 单位 | 数量 | 单价 | 金额 | 税率/征收率 | 税额 |
|---|---|---|---|---|---|---|---|
| *水冰雪*自来水 | | $m^3$ | 7 000 | 0.70 | 4 900.00 | 9% | 441.00 |
| 合　计 | | | | | ¥4 900.00 | | ¥441.00 |
| 价税合计（大写） | ⊗伍仟叁佰肆拾壹元整 | | | | | （小写） | ¥5 341.00 |
| 备注 | 销售方开户银行：中国工商银行滨江中山支行；银行账号：197764515 | | | | | | |

开票人：黄利

68-2

**用水量记录**

2023年12月18日

| 使用部门 | 单价（元/$m^3$） | 用水量（$m^3$） | 金额 |
|---|---|---|---|
| 铸造分厂 | 0.70 | 1 500 | 1 050 |
| 机加工分厂 | 0.70 | 1 100 | 770 |
| 装配分厂 | 0.70 | 800 | 560 |
| 机修分厂 | 0.70 | 500 | 350 |
| 配电分厂 | 0.70 | 670 | 469 |
| 厂　部 | 0.70 | 2 430 | 1 701 |
| 合　计 | | 7 000 | 4 900 |

记录员：周　杰

68-3

ICBC 中国工商银行　转账支票存根

支票号码 03789636

附加信息

出票日期：2023年12月18日

| | |
|---|---|
| 收款人： | 滨江市自来水公司 |
| 金额： | ¥5 341.00 |
| 用途： | 水费 |

单位主管：高林　　会计：陈晓艺

（印章：光华机床有限……财务……）

69-1

ICBC 中国工商银行　托收凭证（付款通知）5

委托日期 2023年12月18日　　付款期限 2023年12月25日

| 业务类型 | 委托收款（□邮划 √电划）托收承付（□邮划 电划） | | | | | |
|---|---|---|---|---|---|---|
| 付款人 全称 | 光华机床有限责任公司 | | 收款人 全称 | 滨江市邮电局 | | |
| 付款人 账号 | 83852674 | | 收款人 账号 | 44794144 | | |
| 付款人 地址 | 辽宁省滨江市 | 开户行 工行滨江兴安支行 | 收款人 地址 | 辽宁省滨江市 | 开户行 建行滨江振兴支行 | |
| 托收金额 人民币（大写） | 陆仟柒佰伍拾捌元整 | | 千百十万千百十元角分 | ¥ 6 7 5 8 0 0 | | |
| 款项内容 | 电话费 | 托收凭据名称 | 发票 | 附寄单证张数 | 1张 | |
| 商品发运情况 | | | 合同名称号码 | | | |
| 备注：付款人开户银行收到日期　年　月　日　复核　记账 | 付款人开户银行签章 2023年12月18日 | | 付款单位注意：1.根据结算办法，上列委托收款（托收承付），如在付款期限内未拒付，即视同全部同意付款，以此代付款通知　2.如系全部或部分拒付，应在付款期限内，将拒付理由书并附债务证明退交开户银行 | | | |

（印章：中国工商银行 滨江兴安支行 2023.12.18 结算专用章）

此联是付款人开户行给付款人按期付款的通知

69-2

电子发票（增值税专用发票）

（印章：全国统一发票监制章 国家税务总局 辽宁省税务局）

发票号码：23212000000555388327
开票日期：2023年12月18日

| 购买方信息 | 名称：光华机床有限责任公司 统一社会信用代码/纳税人识别号：91210600603882153F | 销售方信息 | 名称：滨江市邮电局 统一社会信用代码/纳税人识别号：912106001208357391 | | | | |
|---|---|---|---|---|---|---|---|
| 项目名称 | 规格型号 | 单位 | 数量 | 单价 | 金额 | 税率/征收率 | 税额 |
| *电信服务*语音通话服务 | | | | | 6 200.00 | 9% | 558.00 |
| 合计 | | | | | ¥6 200.00 | | ¥558.00 |
| 价税合计（大写） | ⊗陆仟柒佰伍拾捌元整 | | | | （小写）¥6 758.00 | | |
| 备注 | 销售方开户银行：中国建设银行滨江振兴支行；银行账号：44794144 | | | | | | |

开票人：林玫

微课

材料成本差异的计算

70-1

## 收料单

2023年12月20日　　　　编码：12001

| 材料编号 | 材料名称 | 规格 | 材质 | 单位 | 数量 应收 | 数量 实收 | 实际单价 | 材料金额 | 运杂费 | 合计（材料实际成本） |
|---|---|---|---|---|---|---|---|---|---|---|
| 15405 | 圆钢 | 40CrØ55 | 优 | 吨 | 25 | 25 | 3 100.00 | 77 500.00 | 4 650.00 | 82 150.00 |
| 供货单位 | 独山钢铁公司一分厂 | 结算方法 | 转账 | 合同号 | 425 | | | | 计划单价 | 材料/计划成本 |
| 备注 | | | | | | | | | 3 000.00 | 75 000.00 |

质量检验员：李新　　仓库验收：宋波　　经办人：赵宏

④验收报销用

70-2

## 收料单

2023年12月20日　　　　编码：12002

| 材料编号 | 材料名称 | 规格 | 材质 | 单位 | 数量 应收 | 数量 实收 | 实际单价 | 材料金额 | 运杂费 | 合计（材料实际成本） |
|---|---|---|---|---|---|---|---|---|---|---|
| 15405 | 圆钢 | 40CrØ55 | 优 | 吨 | 5 | 5 | 3 200.00 | 16 000.00 | 1 395.00 | 17 395.00 |
| 供货单位 | 本溪钢铁公司 | 结算方法 | 转账 | 合同号 | 450 | | | | 计划单价 | 材料/计划成本 |
| 备注 | | | | | | | | | 3 000.00 | 15 000.00 |

质量检验员：李新　　仓库验收：宋波　　经办人：赵宏

④验收报销用

70-3

## 收料单

2023年12月20日　　　　编码：12003

| 材料编号 | 材料名称 | 规格 | 材质 | 单位 | 数量 应收 | 数量 实收 | 实际单价 | 材料金额 | 运杂费 | 合计（材料实际成本） |
|---|---|---|---|---|---|---|---|---|---|---|
| 20011 | 劳保鞋 | | | 双 | 50 | 50 | 32.50 | 1 625.00 | | 1 625.00 |
| 20012 | 耐热手套 | | | 副 | 10 | 10 | 4.50 | 45.00 | | 45.00 |
| 供货单位 | 滨江劳保用品商店 | 结算方法 | 转账 | 合同号 | 337 | | | | 计划单价 | 材料/计划成本 |
| 备注 | | | | | | | | | 30.00<br>4.50 | 1 500.00<br>45.00 |

质量检验员：李新　　仓库验收：宋波　　经办人：赵宏

④验收报销用

70-4

## 收料单

2023 年 12 月 20 日　　　　编码：12004

| 材料编号 | 材料名称 | 规格 | 材质 | 单位 | 数量 应收 | 数量 实收 | 实际单价 | 材料金额 | 运杂费 | 合计（材料实际成本） |
|---|---|---|---|---|---|---|---|---|---|---|
| 16001 | 润滑油 | | | 千克 | 100 | 100 | 3.80 | 380.00 | | 380.00 |
| 供货单位 | 滨江市物资公司 | | 结算方法 | | 转账 | 合同号 | 225 | | 计划单价 | 材料/计划成本 |
| 备注 | | | | | | | | | 3.90 | 390.00 |

④验收报销用

质量检验员：李新　　仓库验收：宋波　　经办人：赵宏

70-5

## 收料单

2023 年 12 月 20 日　　　　编码：12005

| 材料编号 | 材料名称 | 规格 | 材质 | 单位 | 数量 应收 | 数量 实收 | 实际单价 | 材料金额 | 运杂费 | 合计（材料实际成本） |
|---|---|---|---|---|---|---|---|---|---|---|
| 15002 | 轴承 | D318 | | 套 | 100 | 100 | 335.00 | 33 500.00 | 2 790.00 | 36 290.00 |
| 供货单位 | 哈尔滨轴承集团 | | 结算方法 | | 转账 | 合同号 | 411 | | 计划单价 | 材料/计划成本 |
| 备注 | | | | | | | | | 350.00 | 35 000.00 |

④验收报销用

质量检验员：李新　　仓库验收：王平　　经办人：赵宏

70-6

## 收料单

2023 年 12 月 20 日　　　　编码：12006

| 材料编号 | 材料名称 | 规格 | 材质 | 单位 | 数量 应收 | 数量 实收 | 实际单价 | 材料金额 | 运杂费 | 合计（材料实际成本） |
|---|---|---|---|---|---|---|---|---|---|---|
| 12106 | 煤 | | | 吨 | 30 | 30 | 170.00 | 5 100.00 | 744.00 | 5 844.00 |
| 供货单位 | 抚顺煤矿 | | 结算方法 | | 转账 | 合同号 | 125 | | 计划单价 | 材料/计划成本 |
| 备注 | | | | | | | | | 180.00 | 5 400.00 |

④验收报销用

质量检验员：李新　　仓库验收：张涛江　　经办人：赵宏

70-7

## 收料单

2023 年 12 月 20 日　　　　编码：12007

| 材料编号 | 材料名称 | 规格 | 材质 | 单位 | 数量 应收 | 数量 实收 | 实际单价 | 材料金额 | 运杂费 | 合计（材料实际成本） |
|---|---|---|---|---|---|---|---|---|---|---|
| 18002 | 包装箱 | | | 个 | 70 | 70 | 380.00 | 26 600.00 | | 26 600.00 |
| 供货单位 | 滨江市木器厂 | | 结算办法 | | 转账 | 合同号 | 153 | | 计划单价 | 材料/计划成本 |
| 备注 | | | | | | | | | 400.00 | 28 000.00 |

④验收报销用

质量检验员：李新　　仓库验收：张涛江　　经办人：赵宏

70-8

# 收料凭证汇总表

年　　月　　日　　　　金额单位：元

| 材料名称 | 原材料及主要材料 | | 燃　料 | | 辅助材料 | | 外购半成品 | | 周转材料 | | 合　计 | |
|---|---|---|---|---|---|---|---|---|---|---|---|---|
| | 计划成本 | 实际成本 | 计划成本 | 实际成本 | 计划成本 | 实际成本 | 计划成本 | 实际成本 | 计划成本 | 实际成本 | 计划成本 | 实际成本 |
| | | | | | | | | | | | | |
| | | | | | | | | | | | | |
| | | | | | | | | | | | | |
| | | | | | | | | | | | | |
| | | | | | | | | | | | | |
| | | | | | | | | | | | | |
| | | | | | | | | | | | | |
| 合　计 | | | | | | | | | | | | |
| 差异额 | | | | | | | | | | | | |
| 差异率 | | | | | | | | | | | | |

制表：

71

# 固定资产验收单

2023年12月19日

| 资产类别 | 资产编号 | 资产名称 | 计量单位 | 数量 | 原值（元） | 预计使用年限 | 增加方式 | 使用部门 |
|---|---|---|---|---|---|---|---|---|
| 机器设备 | 0216 | 起重机 | 台 | 1 | 30 220 | 10年 | 在建工程转入 | 铸造分厂 |
| 合计 | | | | | 30 220 | | | |

经办：王宏伟　　　　复核：宋华文　　　　财务：高　林

注：此业务与第10笔业务相关。

72-1

# 固定资产报废单

2023年12月20日

| 资产编号 | 资产名称 | 单位 | 数量 | 原值 | 已提折旧 | 已提减值 | 净值 | 清理费用 | 变价收入 | 使用部门 | 报废原因 | 备注 |
|---|---|---|---|---|---|---|---|---|---|---|---|---|
| 0204 | 钻床（大型） | 台 | 1 | 87 000 | 52 252.20 | | 34 747.80 | 15 500 | 5 400 | 机加工分厂 | 丧失使用功能 | |
| 合计 | | | | 87 000 | 52 252.20 | | 34 747.80 | 15 500 | 5 400 | | | |

经办：王宏伟　　　　复核：宋华文　　　　财务：高林

注：此业务于上月已支付清理费用12 500元。

72-2

# ICBC 中国工商银行　进账单　（收账通知）　3

2023年12月20日　　　　第2377号

| 出票人 | | | 收款人 | | |
|---|---|---|---|---|---|
| | 全称 | 光大物资公司 | | 全称 | 光华机床有限责任公司 |
| | 账号 | 83854477 | | 账号 | 83852674 |
| | 开户银行 | 中国工商银行滨江兴安支行 | | 开户银行 | 中国工商银行滨江兴安支行 |

金额　人民币（大写）陆仟壹佰零贰元整

| 千 | 百 | 十 | 万 | 千 | 百 | 十 | 元 | 角 | 分 |
|---|---|---|---|---|---|---|---|---|---|
| | | | ¥ | 6 | 1 | 0 | 2 | 0 | 0 |

| 票据种类 | 支票 | 票据张数 | 1 |
|---|---|---|---|
| 票据号码 | | | |

复核　　记账

中国工商银行滨江兴安支行 2023.12.20 转讫

收款人开户行盖章

此联是收款人开户银行交给收款人的收账通知

72-3

ICBC 中国工商银行 转账支票存根

支票号码 03789637

附加信息

出票日期：2023年12月20日

| | |
|---|---|
| 收 款 人： | 大有工程公司 |
| 金 额： | ¥3 000.00 |
| 用 途： | 拆卸钻床 |

单位主管：高林 会计：陈晓艺

光华机床有限责任公司 财务

72-4

电子发票（增值税专用发票）

全国统一发票监制章 国家税务总局 辽宁省税务局

发票号码：23212000000003407715

开票日期：2023年12月20日

| 购买方信息 | 名称：光大物资公司<br>统一社会信用代码/纳税人识别号：912106001179258796 | 销售方信息 | 名称：光华机床有限责任公司<br>统一社会信用代码/纳税人识别号：91210600603882153F |
|---|---|---|---|

| 项目名称 | 规格型号 | 单位 | 数量 | 单价 | 金 额 | 税率/征收率 | 税 额 |
|---|---|---|---|---|---|---|---|
| *机床*废旧机床 | | 台 | 1 | | 5 400.00 | 13% | 702.00 |
| 合 计 | | | | | ¥5 400.00 | | ¥702.00 |
| 价税合计（大写） | ⊗陆仟壹佰零贰元整 | | | | | （小写） | ¥6 102.00 |
| 备注 | 销售方开户银行：中国工商银行滨江兴安支行；银行账号：83852674 | | | | | | |

开票人：陈晓艺

72-5

建筑服务

电子发票（普通发票）

全国统一发票监制章 国家税务总局 辽宁省税务局

发票号码：23212000000555166934

开票日期：2023年12月20日

| 购买方信息 | 名称：光华机床有限责任公司<br>统一社会信用代码/纳税人识别号 91210600603882153F | 销售方信息 | 名称：大有工程公司<br>统一社会信用代码/纳税人识别 912106001208798763 |
|---|---|---|---|

| 项目名称 | 建筑服务发生地 | 建筑项目名称 | 金 额 | 税率/征收率 | 税 额 |
|---|---|---|---|---|---|
| *建筑服务*其他建筑服务 | 滨江市兴安区 | 废旧机床清理 | 2 912.62 | 3% | 87.38 |
| 合 计 | | | ¥2 912.62 | | ¥87.38 |
| 价税合计（大写） | ⊗叁仟元整 | | | （小写） | ¥3 000.00 |
| 备注 | 土地增值税项目编号：—<br>跨地（市）标志：否 | | | | |

开票人：李长江

73-1

# 领料单

领料部门：装配分厂　　2023年12月18日　　第0878号

| 材料编号 | 材料名称 | 规格 | 单位 | 请领数量 | 实发数量 | 计划价格 | |
|---|---|---|---|---|---|---|---|
| | | | | | | 单价 | 金额 |
| 44010 | 专用工具 | | 把 | 2 000 | 2 000 | 45.00 | 90 000.00 |
| 用途 | 普通车床 | 领料部门 | | 发料部门 | | | |
| | | 负责人 | 领料人 | 核准人 | 发料人 | | |
| | | | 赵　军 | | 宋　波 | | |

②仓库记账后转财会科

73-2

# 领料单

领料部门：装配分厂　　2023年12月18日　　第0879号

| 材料编号 | 材料名称 | 规格 | 单位 | 请领数量 | 实发数量 | 计划价格 | |
|---|---|---|---|---|---|---|---|
| | | | | | | 单价 | 金额 |
| 44010 | 专用工具 | | 把 | 300 | 300 | 45.00 | 13 500.00 |
| 用途 | 刻模铣床 | 领料部门 | | 发料部门 | | | |
| | | 负责人 | 领料人 | 核准人 | 发料人 | | |
| | | | 赵　岩 | | 宋　波 | | |

②仓库记账后转财会科

73-3

# 领料单

领料部门：铸造分厂　　2023年12月18日　　第0880号

| 材料编号 | 材料名称 | 规格 | 单位 | 请领数量 | 实发数量 | 计划价格 | |
|---|---|---|---|---|---|---|---|
| | | | | | | 单价 | 金额 |
| 11001 | 生铁 | | 吨 | 5 | 5 | 2 300.00 | 11 500.00 |
| 用途 | 普通车床 | 领料部门 | | 发料部门 | | | |
| | | 负责人 | 领料人 | 核准人 | 发料人 | | |
| | | | 王　洪 | | 宋　波 | | |

②仓库记账后转财会科

73-4

# 领料单

领料部门：铸造分厂　　2023年12月18日　　第0881号

| 材料编号 | 材料名称 | 规格 | 单位 | 请领数量 | 实发数量 | 计划价格 | |
|---|---|---|---|---|---|---|---|
| | | | | | | 单价 | 金额 |
| 12105 | 焦炭 | | 吨 | 5 | 5 | 470.00 | 2 350.00 |
| 用途 | 普通车床 | 领料部门 | | 发料部门 | | | |
| | | 负责人 | 领料人 | 核准人 | 发料人 | | |
| | | | 刘　伟 | | 张涛江 | | |

②仓库记账后转财会科

73-5

## 领料单

领料部门：铸造分厂　　2023年12月18日　　第0882号

| 材料编号 | 材料名称 | 规格 | 单位 | 请领数量 | 实发数量 | 计划价格 | |
|---|---|---|---|---|---|---|---|
| | | | | | | 单价 | 金额 |
| 12106 | 煤 | | 吨 | 5 | 5 | 180.00 | 900.00 |

| 用途 | | 领料部门 | | 发料部门 | |
|---|---|---|---|---|---|
| | | 负责人 | 领料人 | 核准人 | 发料人 |
| | 普通车床 | | 刘　伟 | | 张涛江 |

②仓库记账后转财会科

73-6

## 领料单

领料部门：机加工分厂　　2023年12月18日　　第0883号

| 材料编号 | 材料名称 | 规格 | 单位 | 请领数量 | 实发数量 | 计划价格 | |
|---|---|---|---|---|---|---|---|
| | | | | | | 单价 | 金额 |
| 15405 | 圆钢 | | 吨 | 7.5 | 7.5 | 3 000.00 | 22 500.00 |

| 用途 | | 领料部门 | | 发料部门 | |
|---|---|---|---|---|---|
| | | 负责人 | 领料人 | 核准人 | 发料人 |
| | 普通车床 | | 王　波 | | 宋　波 |

②仓库记账后转财会科

73-7

## 领料单

领料部门：机加工分厂　　2023年12月18日　　第0884号

| 材料编号 | 材料名称 | 规格 | 单位 | 请领数量 | 实发数量 | 计划价格 | |
|---|---|---|---|---|---|---|---|
| | | | | | | 单价 | 金额 |
| 15405 | 圆钢 | | 吨 | 5.5 | 5.5 | 3 000.00 | 16 500.00 |

| 用途 | | 领料部门 | | 发料部门 | |
|---|---|---|---|---|---|
| | | 负责人 | 领料人 | 核准人 | 发料人 |
| | 刻模铣床 | | 王　力 | | 宋　波 |

②仓库记账后转财会科

73-8

## 领料单

领料部门：机加工分厂　　2023年12月18日　　第0885号

| 材料编号 | 材料名称 | 规格 | 单位 | 请领数量 | 实发数量 | 计划价格 | |
|---|---|---|---|---|---|---|---|
| | | | | | | 单价 | 金额 |
| 16001 | 润滑油 | | 千克 | 10 | 10 | 3.90 | 39.00 |

| 用途 | | 领料部门 | | 发料部门 | |
|---|---|---|---|---|---|
| | | 负责人 | 领料人 | 核准人 | 发料人 |
| | 刻模铣床 | | 王　力 | | 宋　波 |

②仓库记账后转财会科

73-9

## 领料单

领料部门：装配分厂　　2023年12月18日　　第0886号

| 材料编号 | 材料名称 | 规格 | 单位 | 请领数量 | 实发数量 | 计划价格 | |
|---|---|---|---|---|---|---|---|
| | | | | | | 单价 | 金额 |
| 13114 | 电机 | Y123M | 台 | 70 | 70 | 1 440.00 | 100 800.00 |
| 用途 | 普通车床 | 领料部门 | | 发料部门 | | | |
| | | 负责人 | 领料人 | 核准人 | 发料人 | | |
| | | | 梁青 | | 宋波 | | |

②仓库记账后转财会科

73-10

## 领料单

领料部门：装配分厂　　2023年12月18日　　第0887号

| 材料编号 | 材料名称 | 规格 | 单位 | 请领数量 | 实发数量 | 计划价格 | |
|---|---|---|---|---|---|---|---|
| | | | | | | 单价 | 金额 |
| 13114 | 电机 | Y123M | 台 | 10 | 10 | 1 440.00 | 14 400.00 |
| 用途 | 刻模铣床 | 领料部门 | | 发料部门 | | | |
| | | 负责人 | 领料人 | 核准人 | 发料人 | | |
| | | | 赵岩 | | 宋波 | | |

②仓库记账后转财会科

73-11

## 领料单

领料部门：装配分厂　　2023年12月18日　　第0888号

| 材料编号 | 材料名称 | 规格 | 单位 | 请领数量 | 实发数量 | 计划价格 | |
|---|---|---|---|---|---|---|---|
| | | | | | | 单价 | 金额 |
| 13115 | 电机 | AOB25 | 台 | 300 | 300 | 260.00 | 78 000.00 |
| 用途 | 普通车床 | 领料部门 | | 发料部门 | | | |
| | | 负责人 | 领料人 | 核准人 | 发料人 | | |
| | | | 梁青 | | 宋波 | | |

②仓库记账后转财会科

73-12

## 领料单

领料部门：装配分厂　　2023年12月18日　　第0889号

| 材料编号 | 材料名称 | 规格 | 单位 | 请领数量 | 实发数量 | 计划价格 | |
|---|---|---|---|---|---|---|---|
| | | | | | | 单价 | 金额 |
| 13115 | 电机 | AOB25 | 台 | 50 | 50 | 260.00 | 13 000.00 |
| 用途 | 刻模铣床 | 领料部门 | | 发料部门 | | | |
| | | 负责人 | 领料人 | 核准人 | 发料人 | | |
| | | | 赵岩 | | 宋波 | | |

②仓库记账后转财会科

73-13

# 领料单

领料部门：装配分厂　　2023年12月18日　　第0890号

| 材料编号 | 材料名称 | 规格 | 单位 | 请领数量 | 实发数量 | 计划价格 | |
|---|---|---|---|---|---|---|---|
| | | | | | | 单价 | 金额 |
| 15002 | 轴承 | D318 | 套 | 200 | 200 | 350.00 | 70 000.00 |
| 用途 | 普通车床 | 领料部门 | | 发料部门 | | | |
| | | 负责人 | 领料人 | 核准人 | 发料人 | | |
| | | | 赵军 | | 宋波 | | |

②仓库记账后转财会科

73-14

# 领料单

领料部门：装配分厂　　2023年12月18日　　第0891号

| 材料编号 | 材料名称 | 规格 | 单位 | 请领数量 | 实发数量 | 计划价格 | |
|---|---|---|---|---|---|---|---|
| | | | | | | 单价 | 金额 |
| 15002 | 轴承 | D318 | 套 | 20 | 20 | 350.00 | 7 000.00 |
| 用途 | 刻模铣床 | 领料部门 | | 发料部门 | | | |
| | | 负责人 | 领料人 | 核准人 | 发料人 | | |
| | | | 赵岩 | | 宋波 | | |

②仓库记账后转财会科

73-15

# 领料单

领料部门：装配分厂　　2023年12月18日　　第0892号

| 材料编号 | 材料名称 | 规格 | 单位 | 请领数量 | 实发数量 | 计划价格 | |
|---|---|---|---|---|---|---|---|
| | | | | | | 单价 | 金额 |
| 15003 | 轴承 | D462 | 套 | 300 | 300 | 138.00 | 41 400.00 |
| 用途 | 普通车床 | 领料部门 | | 发料部门 | | | |
| | | 负责人 | 领料人 | 核准人 | 发料人 | | |
| | | | 赵军 | | 宋波 | | |

②仓库记账后转财会科

73-16

# 领料单

领料部门：装配分厂　　2023年12月18日　　第0893号

| 材料编号 | 材料名称 | 规格 | 单位 | 请领数量 | 实发数量 | 计划价格 | |
|---|---|---|---|---|---|---|---|
| | | | | | | 单价 | 金额 |
| 15003 | 轴承 | D462 | 套 | 50 | 50 | 138.00 | 6 900.00 |
| 用途 | 刻模铣床 | 领料部门 | | 发料部门 | | | |
| | | 负责人 | 领料人 | 核准人 | 发料人 | | |
| | | | 赵岩 | | 宋波 | | |

②仓库记账后转财会科

73-17

## 领料单

领料部门：装配分厂　　2023年12月18日　　第0894号

| 材料编号 | 材料名称 | 规格 | 单位 | 请领数量 | 实发数量 | 计划价格 | |
|---|---|---|---|---|---|---|---|
| | | | | | | 单价 | 金额 |
| 17001 | 标准件 | | 个 | 450 | 450 | 20.50 | 9 225.00 |
| 用途 | 普通车床 | 领料部门 | | 发料部门 | | | |
| | | 负责人 | 领料人 | 核准人 | 发料人 | | |
| | | | 赵军 | | 宋波 | | |

②仓库记账后转财会科

73-18

## 领料单

领料部门：装配分厂　　2023年12月18日　　第0895号

| 材料编号 | 材料名称 | 规格 | 单位 | 请领数量 | 实发数量 | 计划价格 | |
|---|---|---|---|---|---|---|---|
| | | | | | | 单价 | 金额 |
| 16001 | 润滑油 | | 千克 | 40 | 40 | 3.90 | 156.00 |
| 用途 | 刻模铣床 | 领料部门 | | 发料部门 | | | |
| | | 负责人 | 领料人 | 核准人 | 发料人 | | |
| | | | 赵岩 | | 宋波 | | |

②仓库记账后转财会科

73-19

## 领料单

领料部门：装配分厂　　2023年12月18日　　第0896号

| 材料编号 | 材料名称 | 规格 | 单位 | 请领数量 | 实发数量 | 计划价格 | |
|---|---|---|---|---|---|---|---|
| | | | | | | 单价 | 金额 |
| 16001 | 润滑油 | | 千克 | 50 | 50 | 3.90 | 195.00 |
| 用途 | 普通车床 | 领料部门 | | 发料部门 | | | |
| | | 负责人 | 领料人 | 核准人 | 发料人 | | |
| | | | 赵军 | | 宋波 | | |

②仓库记账后转财会科

73-20

## 领料单

领料部门：装配分厂　　2023年12月18日　　第0897号

| 材料编号 | 材料名称 | 规格 | 单位 | 请领数量 | 实发数量 | 计划价格 | |
|---|---|---|---|---|---|---|---|
| | | | | | | 单价 | 金额 |
| 17001 | 标准件 | | 个 | 160 | 160 | 20.50 | 3 280.00 |
| 用途 | 刻模铣床 | 领料部门 | | 发料部门 | | | |
| | | 负责人 | 领料人 | 核准人 | 发料人 | | |
| | | | 赵岩 | | 宋波 | | |

②仓库记账后转财会科

73-21

# 领料单

领料部门：装配分厂　　　　2023年12月18日　　　　第0898号

| 材料编号 | 材料名称 | 规格 | 单位 | 请领数量 | 实发数量 | 计划价格 | |
|---|---|---|---|---|---|---|---|
| | | | | | | 单价 | 金额 |
| 18001 | 油漆 | | 千克 | 800 | 800 | 10.00 | 8 000.00 |

| 用途 | | 领料部门 | | 发料部门 | |
|---|---|---|---|---|---|
| 普通车床 | | 负责人 | 领料人 | 核准人 | 发料人 |
| | | | 赵军 | | 宋波 |

②仓库记账后转财会科

73-22

# 领料单

领料部门：装配分厂　　　　2023年12月18日　　　　第0899号

| 材料编号 | 材料名称 | 规格 | 单位 | 请领数量 | 实发数量 | 计划价格 | |
|---|---|---|---|---|---|---|---|
| | | | | | | 单价 | 金额 |
| 18001 | 油漆 | | 千克 | 200 | 200 | 10.00 | 2 000.00 |

| 用途 | | 领料部门 | | 发料部门 | |
|---|---|---|---|---|---|
| 刻模铣床 | | 负责人 | 领料人 | 核准人 | 发料人 |
| | | | 赵岩 | | 宋波 |

②仓库记账后转财会科

73-23

# 领料单

领料部门：装配分厂　　　　2023年12月18日　　　　第0900号

| 材料编号 | 材料名称 | 规格 | 单位 | 请领数量 | 实发数量 | 计划价格 | |
|---|---|---|---|---|---|---|---|
| | | | | | | 单价 | 金额 |
| 18002 | 包装箱 | | 个 | 50 | 50 | 400.00 | 20 000.00 |

| 用途 | | 领料部门 | | 发料部门 | |
|---|---|---|---|---|---|
| 普通车床 | | 负责人 | 领料人 | 核准人 | 发料人 |
| | | | 李娜 | | 宋波 |

②仓库记账后转财会科

73-24

# 领料单

领料部门：装配分厂　　　　2023年12月18日　　　　第0901号

| 材料编号 | 材料名称 | 规格 | 单位 | 请领数量 | 实发数量 | 计划价格 | |
|---|---|---|---|---|---|---|---|
| | | | | | | 单价 | 金额 |
| 18002 | 包装箱 | | 个 | 20 | 20 | 400.00 | 8 000.00 |

| 用途 | | 领料部门 | | 发料部门 | |
|---|---|---|---|---|---|
| 刻模铣床 | | 负责人 | 领料人 | 核准人 | 发料人 |
| | | | 赵军 | | 宋波 |

②仓库记账后转财会科

73-25

# 领料单

领料部门：机修分厂　　2023年12月18日　　第0902号

| 材料编号 | 材料名称 | 规格 | 单位 | 请领数量 | 实发数量 | 计划价格 | |
|---|---|---|---|---|---|---|---|
| | | | | | | 单价 | 金额 |
| 25001 | 专用工具 | | 把 | 50 | 50 | 45.00 | 2 250.00 |
| 用途 | 检修基本生产分厂设备 | 领料部门 | | 发料部门 | | | |
| | | 负责人 | 领料人 | 核准人 | 发料人 | | |
| | | | 宋林广 | | 宋　波 | | |

②仓库记账后转财会科

73-26

# 领料单

领料部门：机修分厂　　2023年12月18日　　第0903号

| 材料编号 | 材料名称 | 规格 | 单位 | 请领数量 | 实发数量 | 计划价格 | |
|---|---|---|---|---|---|---|---|
| | | | | | | 单价 | 金额 |
| 17001 | 标准件 | | 个 | 50 | 50 | 20.50 | 1 025.00 |
| 用途 | 检修基本生产分厂设备 | 领料部门 | | 发料部门 | | | |
| | | 负责人 | 领料人 | 核准人 | 发料人 | | |
| | | | 王文丽 | | 宋　波 | | |

②仓库记账后转财会科

73-27

# 领料单

领料部门：机修分厂　　2023年12月18日　　第0904号

| 材料编号 | 材料名称 | 规格 | 单位 | 请领数量 | 实发数量 | 计划价格 | |
|---|---|---|---|---|---|---|---|
| | | | | | | 单价 | 金额 |
| 16001 | 润滑油 | | 千克 | 30 | 30 | 3.90 | 117.00 |
| 用途 | 检修基本生产分厂设备 | 领料部门 | | 发料部门 | | | |
| | | 负责人 | 领料人 | 核准人 | 发料人 | | |
| | | | 王文丽 | | 宋　波 | | |

②仓库记账后转财会科

73-28

# 发料汇总表（原材料、周转材料）

2023年12月20日

金额单位：元

| 领料部门及用途 | | 原料及主要材料 | | | | 燃料 | | | | 外购半成品 | | | | | | | | | | 辅助材料 | | | | 周转材料 | | | | 金额合计 |
|---|---|---|---|---|---|---|---|---|---|---|---|---|---|---|---|---|---|---|---|---|---|---|---|---|---|---|---|---|
| 科目 | 用途 | 生铁 | | 圆钢 | | 焦炭 | | 煤 | | Y123M电机 | | AOB25电机 | | D318轴承 | | D462轴承 | | 标准件 | | 油漆 | | 润滑油 | | 专用工具 | | 包装箱 | | |
| | | 数量 | 金额 | 数量 | 金额 | 数量 | 金额 | 数量 | 金额 | 数量 | 金额 | 数量 | 金额 | 数量 | 金额 | 数量 | 金额 | 数量 | 金额 | 数量 | 金额 | 数量 | 金额 | 数量 | 金额 | 数量 | 金额 | |
| 基本生产成本——铸造分厂 | 普通车床 | | | | | | | | | | | | | | | | | | | | | | | | | | | |
| 基本生产成本——机加工分厂 | 普通车床 | | | | | | | | | | | | | | | | | | | | | | | | | | | |
| | 刻模铣床 | | | | | | | | | | | | | | | | | | | | | | | | | | | |
| 基本生产成本——装配分厂 | 普通车床 | | | | | | | | | | | | | | | | | | | | | | | | | | | |
| | 刻模铣床 | | | | | | | | | | | | | | | | | | | | | | | | | | | |
| 辅助生产成本——机修分厂 | 检修基本生产分厂设备 | | | | | | | | | | | | | | | | | | | | | | | | | | | |
| 合计 | | | | | | | | | | | | | | | | | | | | | | | | | | | | |

制表：

74-1

# 财产清查报告单

2023年12月20日　　No1201

| 类别 | 财产名称及规格 | 单位 | 单价 | 账面数量 | 实物数量 | 盘盈 | | 盘亏 | | 盈亏原因 |
|---|---|---|---|---|---|---|---|---|---|---|
| | | | | | | 数量 | 金额 | 数量 | 金额 | |
| 周转材料 | 包装箱 | 个 | 400.00 | 73 | 71 | | | 2 | 800.00 | 管理不善 |
| | | | | | | | | | | |
| 合计 | | | | 73 | 71 | | | 2 | 800.00 | |

二 财务

财务：高林　　审批：王兴海　　保管使用：宋波　　制单：张昌江

注：该材料成本差异率为1.86%。

74-2

# 财产清查报告单

2023年12月20日　　No1202

| 类别 | 财产名称及规格 | 单位 | 单价 | 账面数量 | 实物数量 | 盘盈 | | 盘亏 | | 盈亏原因 |
|---|---|---|---|---|---|---|---|---|---|---|
| | | | | | | 数量 | 金额 | 数量 | 金额 | |
| 固定资产 | 六角车床 | 台 | 19 000.00 | 1 | 0 | | | 1 | 19 000.00（原值） | 自然灾害 |
| | | | | | | | | | | |
| 合计 | | | | 1 | 0 | | | 1 | 19 000.00（原值） | |

二 财务

财务：高林　　审批：王兴海　　保管使用：王波　　制单：高国有

注：此设备累计折旧11 411.40元。

75-1

# 罚款单

光华机床有限责任公司：

由于贵公司排放废弃物没有达到环保要求，特处罚金5 000元，并责令限期改正。

滨江环保监管所
2023年12月20日

（印章：滨江环保监管所）

75-2

ICBC 中国工商银行　转账支票存根

支票号码03789638

附加信息

出票日期：2023年12月20日

| | |
|---|---|
| 收款人： | 滨江环保监管所 |
| 金额： | ¥5 000.00 |
| 用途： | 罚款 |

单位主管：高林　　会计：徐晓艺

（印章：光华机床有限责任公司 财务）

76

# 无形资产摊销表

2023年12月20日

| 无形资产名称 | 本月摊销额 |
|---|---|
| 专　利　权 | 7 000.00 |
| 土地使用权 | 1 500.00 |
| 合　　计 | 8 500.00 |

制表：于　波　　　　财务科长：高　林

77-1

# 电子发票（增值税专用发票）

发票号码：23212000000003407716
开票日期：2023年12月20日

| 购买方信息 | 名称：长春汽车配件有限公司<br>统一社会信用代码/纳税人识别号：912201066977925897 | 销售方信息 | 名称：光华机床有限责任公司<br>统一社会信用代码/纳税人识别号：91210600603882153F |
|---|---|---|---|

| 项目名称 | 规格型号 | 单位 | 数量 | 单价 | 金额 | 税率/征收率 | 税额 |
|---|---|---|---|---|---|---|---|
| *机床*普通车床 | CA6140/1000 | 台 | 20 | 42 300.00 | 846 000.00 | 13% | 109 980.00 |
| *机床*刻模铣床 | X4222 | 台 | 10 | 28 000.00 | 280 000.00 | 13% | 36 400.00 |
| 合　计 | | | | | ¥1 126 000.00 | | ¥146 380.00 |
| 价税合计（大写） | ⊗壹佰贰拾柒万贰仟叁佰捌拾元整 | | | | | （小写） | ¥1 272 380.00 |
| 备注 | 销售方开户银行：中国工商银行滨江兴安支行；银行账号：83852674 | | | | | | |

开票人：陈晓艺

77-2

ICBC 中国工商银行　支付系统专用凭证

NO.000711170798

来账凭证

交易日期：2023年12月20日
业务类型：00100
付款人账号：29180852
付款人名称：长春汽车配件有限公司
付款行号：105411013015
付款行名：中国建设银行四平支行
收款人账号：83852674
收款人名称：光华机床有限责任公司
收款行号：337540049125
收款行名：中国工商银行滨江兴安支行
交易金额（大写）：人民币捌拾万元整
交易金额（小写）：CNY800 000.00
附言：货款，转中国工商银行滨江兴安支行
入账机构：
业务流水号：110002000001458　　业务编号：013313040000125
打印时间：2023.12.20

（印章：中国工商银行滨江兴安支行 2023.12.20 转讫）

77-3

# 产品出库单

凭证编号：11007

用途：销售　　2023年12月20日　　产成品库：一号库

| 类别 | 编号 | 名称及规格 | 计量单位 | 数量 | 单位成本 | 总成本 | 附注： |
|---|---|---|---|---|---|---|---|
| | 25001 | 普通车床CA6140/1000 | 台 | 20 | | | |
| | | | | | | | |
| 合　　计 | | | | | | | |

二 财务留存

记账：　　保管：王平　　检验：　　制单：

77-4

## 产品出库单

用途：销售　　2023年12月20日　　凭证编号：11008　　产成品库：二号库

| 类别 | 编号 | 名称及规格 | 计量单位 | 数量 | 单位成本 | 总成本 | 附注： |
|---|---|---|---|---|---|---|---|
| | 25002 | 刻模铣床X4222 | 台 | 10 | | | |
| | | | | | | | |
| 合　计 | | | | | | | |

二　财务留存

记账：　　保管：王平　　检验：　　制单：

78

## 利息及债券溢价摊销表

2023年12月20日

| 非流动负债项目 | 利　息　额 | 应摊销金额 |
|---|---|---|
| 长期借款 | 14 000 | |
| 企业债券 | 5 000 | 560 |
| 合　计 | 19 000 | 560 |

制表：于　波　　财务科长：高　林

79-1

## 非货币交易协议书

光华机床有限责任公司以公司产品换取大众贸易公司一辆汽车。换出产品普通车床市价260 000元（5×52 000），适用税率13%，汽车过户费用6 200元，收到对方支付的补价17 400元。

换入固定资产的成本=260 000+33 800−17 400+6 200−32 511.50=250 088.50（元）

光华机床有限责任公司　　大众贸易公司
法定代表人：王兴海　　法定代表人：刘传
2023年12月21日　　2023年12月21日

79-2

## 电子发票（增值税专用发票）

发票号码：23212000000003407717
开票日期：2023年12月21日

购买方信息　名称：大众贸易公司
统一社会信用代码/纳税人识别号：912106006038836956

销售方信息　名称：光华机床有限责任公司
统一社会信用代码/纳税人识别号：91210600603882153F

| 项目名称 | 规格型号 | 单位 | 数量 | 单价 | 金　额 | 税率/征收率 | 税　额 |
|---|---|---|---|---|---|---|---|
| *机床*普通车床 | CA6140/1000 | 台 | 5 | 52 000.00 | 260 000.00 | 13% | 33 800.00 |
| 合　计 | | | | | ¥260 000.00 | | ¥33 800.00 |

价税合计（大写）　⊗贰拾玖万叁仟捌佰元整　　（小写）¥293 800.00

备注：销售方开户银行：中国工商银行滨江兴安支行；银行账号：83852674

开票人：陈晓艺

79-3

# ICBC 中国工商银行 进账单 （收账通知） 3

2023年12月21日　　　　第2390号

| 出票人 | | | 收款人 | | |
|---|---|---|---|---|---|
| 出票人 | 全称 | 大众贸易公司 | 收款人 | 全称 | 光华机床有限责任公司 |
| | 账号 | 74268898 | | 账号 | 83852674 |
| | 开户银行 | 中国农业银行大连中山支行 | | 开户银行 | 中国工商银行滨江兴安支行 |
| 金额 | 人民币（大写） | 壹万柒仟肆佰元整 | | 千百十万千百十元角分 | ¥1740000 |
| 票据种类 | 支票 | 票据张数 | 1 | | |
| 票据号码 | | | | | |
| 复核 | 记账 | | | 收款人开户行盖章 | |

中国工商银行 滨江兴安支行 2023.12.21 转讫

此联是收款人开户银行交给收款人的收账通知

79-4

# 固定资产验收单

2023年12月21日

| 资产类别 | 资产编号 | 资产名称 | 计量单位 | 数量 | 原值（元） | 预计使用年限 | 增加方式 | 使用部门 |
|---|---|---|---|---|---|---|---|---|
| 运输工具 | 0302 | 捷达汽车 | 台 | 1 | 250 088.50 | 4年 | 非货币性资产交换 | 厂办 |
| 合计 | | | | | 250 088.50 | | | |

经办：王宏伟　　复核：宋华文　　财务：高林

79-5

# 产品出库单

用途：换入汽车　　2023年12月21日　　凭证编号：11009

产成品库：一号库

| 类别 | 编号 | 名称及规格 | 计量单位 | 数量 | 单位成本 | 总成本 | 附注： |
|---|---|---|---|---|---|---|---|
| | 25001 | 普通车床CA6140I1000 | 台 | 5 | | | |
| | | | | | | | |
| 合　计 | | | | | | | |

记账：　　保管：王平　　检验：　　制单：

二 财务留存

79-6

ICBC 中国工商银行　转账支票存根

支票号码 03789639

附加信息

出票日期：2023年12月21日

| | |
|---|---|
| 收款人： | 滨江市车辆管理所 |
| 金额： | ¥6 200.00 |
| 用途： | 汽车过户费 |

单位主管：高林　　会计：陈晓艺

光华机床有 财务

79-7

# 机动车销售统一发票

发票联

发票代码　121001121071

开票日期：2023-12-13　　　　发票号码　00777578

| | | | | | | | |
|---|---|---|---|---|---|---|---|
| 机打代码<br>机打号码<br>机器编号 | 121001121071<br>00777578<br>929100417463 | 税控码 | 02+<+<--6*0047>07+62/*-*->303/8336307<br>-**+3844285018+33858+9>49-6-3+><-//-36<br>2937>74-3+1593<>6-8-<72</-+*3162107+8+<br>706*<1/++9>4651+>*18>002+*/*884547/79/<br>60-</>55-5-882/<<966-53<9101+6/17886+< | | | | |
| 购货单位（人） | 光华机床有限责任公司 | | 身份证号码/组织机构代码 | 91210600603882153F | | | |
| 车辆类型 | 多用途乘用车 | 厂牌型号 | DFL6430VBC4 | 产地 | 长春 | | |
| 合格证号 | WAC204001650084 | 进口证明书号 | | 商检单号 | | | |
| 发动机号码 | 592459T | | 车辆识别代号/车架号码 | LGBL2AE07CS101561 | | | |
| 价税合计 | ⊗贰拾捌万贰仟陆佰元整 | | | 小写 ¥ 282 600.00 | | | |
| 销售单位名称 | 大众贸易公司 | | | 电话 | 37706881 | | |
| 纳税人识别号 | 912106006038836956 | | | 账号 | 74268898 | | |
| 地址 | 大连市中山路303号 | | 开户银行 | 中国农业银行大连中山支行 | | | |
| 增值税税率或征收率 | 13% | 增值税税额 | ¥ 32 511.50 | 主管税务机关及代码 | 大连市中山区税务局征收管理五科（办税服务厅）12106031000 | | |
| 不含税价 | 小写¥ 250 088.50 | | 吨位 | | 限乘人数 | 5 | |

第一联 发票联（购买方付款凭证）（手开无效）

销货单位盖章　　　　开票人：邹佳宁　　　　备注：一车一票

（印章：大众贸易公司 912106006038836956 发票专用章）

80

经查实确认盘亏包装箱属于保管不善丢失，盘亏设备已转入报废清理，属自然灾害损失，现批准予以转账。

（印章：光华机床有限责任公司）

2023年12月20日

财务科长：高林　　　　会计：于波

81-1

# 电子发票（增值税专用发票）

发票号码：23212000000555388458

开票日期：2023年12月20日

| | | | | | | | | |
|---|---|---|---|---|---|---|---|---|
| 购买方信息 | 名称：光华机床有限责任公司<br>统一社会信用代码/纳税人识别号：91210600603882153F | | | | 销售方信息 | 名称：中国太平洋保险股份公司<br>统一社会信用代码/纳税人识别号：91210600603597489F | | |
| 项目名称 | 规格型号 | 单位 | 数量 | 单价 | 金额 | 税率/征收率 | 税额 | |
| *保险服务*机动车交通事故责任强制保险保费 | | | | | 1 200.00 | 6% | 72.00 | |
| *保险服务*机动车商业保险保费 | | | | | 8 800.00 | 6% | 528.00 | |
| 合计 | | | | | ¥10 000.00 | | ¥600.00 | |
| 价税合计（大写） | ⊗壹万零陆佰元整 | | | | | （小写）¥10 600.00 | | |
| 备注 | 销售方开户银行：中国建设银行滨江光明路支行；银行账号：45498685 | | | | | | | |

开票人：李玉

81-2

ICBC 中国工商银行　转账支票存根

支票号码 03789640

附加信息

出票日期：2023年12月20日

| | |
|---|---|
| 收 款 人： | 中国太平洋保险股份公司 |
| 金　　额： | ¥10 600.00 |
| 用　　途： | 保险费 |

单位主管：高林　　　　会计：陈晓艺

（印章：光华机床有……财务……）

82-1

# 收款收据

收款日期：2023年12月22日　　　　№0082961

| 付款单位（交款人） | 光华机床有限责任公司 | 收款单位（收款人） | 滨江市重型机械厂 | 收款项目 | 销售款 | | | | | | |
|---|---|---|---|---|---|---|---|---|---|---|---|
| 人民币(大写) | 壹万壹仟元整 | 百 | 十 | 万 | 千 | 百 | 十 | 元 | 角 | 分 | 结算方式 |
| | | | ¥ | 1 | 1 | 0 | 0 | 0 | 0 | 0 | 转账支票 |
| 收款事由 | 收款期限超过一年的销售款 | 经办 | 部门 | 财会科 | | | | | | | |
| | | | 人员 | 张丽娜 | | | | | | | |
| 上述款项照数收讫无误。收款单位财务专用章：（领款人签章） | 会计主管 | 稽核 | 出纳 | 交款人 | | | | | | | |
| | 刘　红 | | 王　文 | | | | | | | | |

第一联　付款单位记账凭证

（印章：滨江市重型机械厂　财务专用章）

82-2

ICBC 中国工商银行　转账支票存根

支票号码 03789641

附加信息

出票日期：2023年12月22日

| | |
|---|---|
| 收 款 人： | 滨江市重型机械厂 |
| 金　　额： | ¥11 000.00 |
| 用　　途： | 支付设备款 |

单位主管：高林　　　　会计：陈晓艺

（印章：光华机床有……财务……）

83-1

## 收款收据

收款日期：2023年12月22日　　№0047899

| 付款单位（交款人） | 光华机床有限责任公司 | 收款单位（收款人） | 滨江市机床经销公司 | 收款项目 | 押金 |
|---|---|---|---|---|---|
| 人民币(大写) | 贰仟伍佰元整 | 百 十 万 千 百 十 元 角 分 | ¥ 2 5 0 0 0 0 | 结算方式 | 转账支票 |
| 收款事由 | 收回包装物押金 | 经办 | 部门 | 财会科 | |
| | | | 人员 | 王丽娜 | |
| 上述款项照数收讫无误 | 会计主管 | 稽核 | 出纳 | 交款人 | |
| 收款单位财务专用章：（领款人签章） | 刘　军 | | 江　文 | | |

滨江市机床经销公司 财务专用章

第一联　付款单位记账凭证

83-2

ICBC 中国工商银行　转账支票存根

支票号码03789642

附加信息

出票日期：2023年12月22日

| | |
|---|---|
| 收款人： | 滨江市机床经销公司 |
| 金　额： | ¥2 500.00 |
| 用　途： | 返还押金 |

单位主管：高林　　会计：陈晓艺

光华机床有…… 财务……

84-1

## 差旅费报销单

所属单位：厂办公室　　附件13张　2023年12月22日

| 代表姓名 | 李立峰 | 同行人 | 李大海 王宏伟 尚文 | 共4人 | 审批人 | 高林 | 公出任务 | 开会 | 自12月16日起 至12月20日止 | 共5天 |
|---|---|---|---|---|---|---|---|---|---|---|

| 出发 月 | 日 | 时 | 地点 | 到达 月 | 日 | 时 | 地点 | 合计 | 火车费 | 卧铺 | 市内车费 | 汽车 | 住宿费 | 其他 | 伙食补助费 天数 | 金额 | 通勤费 天数 | 金额 |
|---|---|---|---|---|---|---|---|---|---|---|---|---|---|---|---|---|---|---|
| 12 | 16 | | 滨江 | 12 | 16 | | 北京 | 4 896 | 1 476 | | | | 2 600 | | 5 | 300 | 5 | 520 |
| 12 | 20 | | 北京 | 12 | 20 | | 青岛 | 1 256 | 1 256 | | | | | | | | | |
| 12 | 20 | | 青岛 | 12 | 20 | | 滨江 | 1 848 | 1 848 | | | | | | | | | |
| | | | | | | | | | | | | | | | | | | |
| | | | | | | | | | | | | | | | | | | |
| 合计 | | | | | | | | 8 000 | 4 580 | | | | 2 600 | | | 300 | | 520 |

| 原借款 | 金额 | 交结余或超支金额 | 报销金额 | 人民币（大写）捌仟元整 |
|---|---|---|---|---|
| | 9 800.00 | 1 800.00 | | |

现金收讫

负责人：高　林　　会计：于波　　出纳：陈晓艺　　经手人：李立峰

84-2

A012998　　滨江售

2023年 12 月 16 日 07:01 开　　06车 07D 号

二等座

滨　江　G398 次 北京南

Binjiang　　Beijingnan

¥ 369.00　　网

限乘当日当次车

李立峰

始发改签

2016021980****3122

1001-0300-7306-07F0-4498-8　　和谐号

84-3

A012947　　北京南售

2023年 12 月 20 日 13:50 开　　08车 02D 号

二等座

北京南　G175 次 青　岛

Beijingnan　　Qingdao

¥ 314.00　　网

限乘当日当次车

李立峰

始发改签

2016021980****3122

1001-0300-7306-07F0-4498-8　　和谐号

84-4

A014796　　青岛售

2023年 12 月 20 日 20:50 开　　06车 02F 号

二等座

青　岛　G956 次 滨　江

Qingdao　　Binjiang

¥ 462.00　　网

限乘当日当次车

李立峰

始发改签

2016021980****3122

1001-0300-7306-07F0-4498-8　　和谐号

84-5

A011279　　滨江售

2023年 12 月 16 日 07:01 开　　06车 07F 号

二等座

滨　江　G398 次 北京南

Binjiang　　Beijingnan

¥ 369.00　　网

限乘当日当次车

李大海

始发改签

2016021965****3119

1001-0300-7306-07F0-4498-8　　和谐号

84-6

A012496　　北京南售

2023年 12 月 20 日 13:50 开　　08车 02F 号

二等座

北京南　G175 次 青　岛

Beijingnan　　Qingdao

¥ 314.00　　网

限乘当日当次车

李大海

始发改签

2016021965****3119

1001-0300-7306-07F0-4498-8　　和谐号

84-7

A011754　　青岛售

2023年 12 月 20 日 20:50 开　　06车 02D 号

二等座

青　岛　G956 次 滨　江

Qingdao　　Binjiang

¥ 462.00　　网

限乘当日当次车

李大海

始发改签

2016021965****3119

1001-0300-7306-07F0-4498-8　　和谐号

84-8

A011475 滨江售

2023年 12 月 16 日 07:01 开 06车 08F 号

二等座

滨 江 G398 次 北京南

Binjiang Beijingnan

¥ 369.00 网

限乘当日当次车

王宏伟

始发改签

2016021970****3211

1001-0300-7306-07F0-4498-8 和谐号

84-9

A012425 北京南售

2023年 12 月 20 日 13:50 开 08车 03F 号

二等座

北京南 G175 次 青 岛

Beijingnan Qingdao

¥ 314.00 网

限乘当日当次车

王宏伟

始发改签

2016021970****3211

1001-0300-7306-07F0-4498-8 和谐号

84-10

A011873 青岛售

2023年 12 月 20 日 20:50 开 06车 03D 号

二等座

青 岛 G956 次 滨 江

Qingdao Binjiang

¥ 462.00 网

限乘当日当次车

王宏伟

始发改签

2016021970****3211

1001-0300-7306-07F0-4498-8 和谐号

84-11

A013698 滨江售

2023年 12 月 16 日 07:01 开 06车 08D 号

二等座

滨 江 G398 次 北京南

Binjiang Beijingnan

¥ 369.00 网

限乘当日当次车

尚 文

始发改签

2016021984****3219

1001-0300-7306-07F0-4498-8 和谐号

84-12

A012112 北京南售

2023年 12 月 20 日 13:50 开 08车 03D 号

二等座

北京南 G175 次 青 岛

Beijingnan Qingdao

¥ 314.00 网

限乘当日当次车

尚 文

始发改签

2016021984****3219

1001-0300-7306-07F0-4498-8 和谐号

84-13

A014777 青岛售

2023年 12 月 20 日 20:50 开 06车 03F 号

二等座

青 岛 G956 次 滨 江

Qingdao Binjiang

¥ 462.00 网

限乘当日当次车

尚 文

始发改签

2016021984****3219

1001-0300-7306-07F0-4498-8 和谐号

84-14

## 电子发票（增值税专用发票）

发票号码：23212000000555345755

开票日期：2023年12月20日

| | |
|---|---|
| 购买方信息 名称：光华机床有限责任公司<br>统一社会信用代码/纳税人识别号：91210600603882153F | 销售方信息 名称：北京京仪大酒店<br>统一社会信用代码/纳税人识别号：9111000070000052X6 |

| 项目名称 | 规格型号 | 单位 | 数量 | 单价 | 金额 | 税率/征收率 | 税额 |
|---|---|---|---|---|---|---|---|
| *住宿服务*住宿服务 | | | 20 | 122.64 | 2 452.83 | 6% | 147.17 |
| 合计 | | | | | ¥2 452.83 | | ¥147.17 |
| 价税合计（大写） | ⊗贰仟陆佰元整 | | | | | （小写） | ¥2 600.00 |

备注：销售方开户银行：中国工商银行北京海淀支行；银行账号：907650458798796

开票人：李玲

85

## ICBC 中国工商银行 现金缴款单

2023年12月22日

| 客户填写 | | | | | | | | |
|---|---|---|---|---|---|---|---|---|
| 收款人名称 | 光华机床有限责任公司 | | | | | | | |
| 收款人账号 | 83852674 | | 收款人开户行 | 中国工商银行滨江兴安支行 | | | | |
| 交款人 | | | 款项来源 | 差旅费款 | | | | |
| 币种 | 人民币☑ 外币□ | 大写：壹仟捌佰元整 | | 千 百 十 万 千 百 十 元 角 分<br>¥ 1 8 0 0 0 0 | | | | |
| 卷别 | 100元 | 50元 | 10元 | 5元 | 1元 | 5角 | 1角 | 辅币 |
| 张数 | 5 | 10 | 80 | | | | | |

银行打印

客户账户名称：光华机床有限责任公司

客户账号：83852674　货币代号：01-人民币

交易金额：1 800.00　账户序号：0001

金额大写：壹仟捌佰元整

交易代码：1099　交易日期：2023/12/22　交易时间：15:14　柜员流水号：00123600000025

机构号：0133　交易柜员：001236　授权柜员：001258

中国工商银行滨江兴安支行 2023.12.22 转讫

第二联 回单

86-1

## 投资分配方案

根据我公司与滨江市机床附件厂的投资合同规定，分得税后利润40 000元。

光华机床有限责任公司

财务科长：高林

2023年12月22日

86-2

**ICBC 中国工商银行　进账单　（收账通知）　3**

2023年12月23日　　第2401号

| 出票人 | 全称 | 滨江市机床附件厂 | 收款人 | 全称 | 光华机床有限责任公司 |
|---|---|---|---|---|---|
| | 账号 | 1977645639 | | 账号 | 83852674 |
| | 开户银行 | 中国工商银行滨江彩涌支行 | | 开户银行 | 中国工商银行滨江兴安支行 |
| 金额 | 人民币（大写） | 肆万元整 | | 千百十万千百十元角分 | ¥ 4 0 0 0 0 0 0 |
| 票据种类 | 支票 | 票据张数 | 1 | | |
| 票据号码 | | | | | |
| | 复核 | 记账 | | 收款人开户行盖章 | |

中国工商银行滨江兴安支行 2023.12.23 转讫

此联是收款人开户银行交给收款人的收账通知

87-1

**电子发票（普通发票）**

发票号码：23212000000555177299
开票日期：2023年12月23日

| 购买方信息 | 名称：光华机床有限责任公司<br>统一社会信用代码/纳税人识别号：91210600603882153F | 销售方信息 | 名称：滨江机械修造厂<br>统一社会信用代码/纳税人识别号：912106001208799898 |
|---|---|---|---|

| 项目名称 | 规格型号 | 单位 | 数量 | 单价 | 金额 | 税率/征收率 | 税额 |
|---|---|---|---|---|---|---|---|
| *劳务*修理修配劳务 | | | | | 50 291.26 | 3% | 1 508.74 |
| 合计 | | | | | ¥50 291.26 | | ¥1 508.74 |
| 价税合计（大写） | ⊗伍万壹仟捌佰元整 | | | | | （小写） | ¥51 800.00 |
| 备注 | 销售方开户银行：中国工商银行滨江五四支行；银行账号：1977792147 | | | | | | |

开票人：李玉玲

87-2

**固定资产修理费用计算表**

2023年12月23日

| 部门 | 应记入的会计科目 | 金额(元) |
|---|---|---|
| 铸造分厂 | 管理费用 | 16 000 |
| 机加工分厂 | 管理费用 | 24 000 |
| 装配分厂 | 管理费用 | 11 800 |
| 合计 | | 51 800 |

会计：于　波　　审核：　　财务科长：高　林

87-3

**ICBC 中国工商银行　转账支票存根**

支票号码 03789643

附加信息

出票日期：2023年12月23日

| | |
|---|---|
| 收款人： | 滨江机械修造厂 |
| 金额： | ¥ 51 800.00 |
| 用途： | 修理费 |

单位主管：高林　　会计：陈晓艺

88-1

## 电子发票（增值税专用发票）

发票号码：23212000000555345879
开票日期：2023年12月23日

| | |
|---|---|
| 购买方信息 名称：光华机床有限责任公司<br>统一社会信用代码/纳税人识别号：91210600603882153F | 销售方信息 名称：滨江电器商店<br>统一社会信用代码/纳税人识别号：91210600603878789 |

| 项目名称 | 规格型号 | 单位 | 数量 | 单价 | 金额 | 税率/征收率 | 税额 |
|---|---|---|---|---|---|---|---|
| *电子元件*电表 | | 台 | 10 | 45.00 | 450.00 | 13% | 58.50 |
| *电子元件*电容器 | | 台 | 5 | 1 210.00 | 6 050.00 | 13% | 786.50 |
| 合　计 | | | | | ¥6 500.00 | | ¥845.00 |
| 价税合计（大写） | ⊗柒仟叁佰肆拾伍元整 | | | | | （小写） | ¥7 345.00 |
| 备注 | 销售方开户银行：中国工商银行滨江广源支行；银行账号：48415689 | | | | | | |

开票人：欧阳惠

注：用于配电分厂。

88-2

ICBC 中国工商银行　转账支票存根

支票号码03789644

附加信息

出票日期：2023年12月23日

| | |
|---|---|
| 收款人： | 滨江电器商店 |
| 金　额： | ¥7 345.00 |
| 用　途： | 购电表、电容器 |

单位主管：高林　　会计：陈晓艺

89-1

## 电子发票（普通发票）

发票号码：23212000000555112897
开票日期：2023年12月24日

| | |
|---|---|
| 购买方信息 名称：光华机床有限责任公司<br>统一社会信用代码/纳税人识别号：91210600603882153F | 销售方信息 名称：滨江广告公司<br>统一社会信用代码/纳税人识别号：91210600120878785 6 |

| 项目名称 | 规格型号 | 单位 | 数量 | 单价 | 金额 | 税率/征收率 | 税额 |
|---|---|---|---|---|---|---|---|
| *广告服务*报纸、杂志广告发布服务 | | | | | 7 281.55 | 3% | 218.45 |
| 合　计 | | | | | ¥ 7 281.55 | | ¥ 218.45 |
| 价税合计（大写） | ⊗柒仟伍佰元整 | | | | | （小写） | ¥ 7 500.00 |
| 备注 | 销售方开户银行：中国农业银行滨江珍珠路支行；银行账号：83854793 | | | | | | |

开票人：于力

89-2

ICBC 中国工商银行 转账支票存根

支票号码 03789645

附加信息

出票日期：2023年12月24日

| | |
|---|---|
| 收 款 人： | 滨江广告公司 |
| 金 额： | ¥7 500.00 |
| 用 途： | 广告费 |

单位主管：高林 会计：陈晓艺

（印章：光华机床有限……财务……）

90-1

电子发票（增值税专用发票）

（印章：全国统一发票监制章 国家税务总局 辽宁省税务局）

发票号码：23212000000003407718

开票日期：2023年12月24日

| 购买方信息 | 名称：滨江市机床附件厂<br>统一社会信用代码/纳税人识别号：91210600603885493F | 销售方信息 | 名称：光华机床有限责任公司<br>统一社会信用代码/纳税人识别号：91210600603882153F |
|---|---|---|---|

| 项目名称 | 规格型号 | 单位 | 数量 | 单价 | 金 额 | 税率/征收率 | 税 额 |
|---|---|---|---|---|---|---|---|
| *黑色金属冶炼压延品*圆钢 | 40CrΦ55 | 吨 | 3 | 3 240.00 | 9 720.00 | 13% | 1 263.60 |
| 合 计 | | | | | ¥9 720.00 | | ¥1 263.60 |
| 价税合计（大写） | ⊗壹万零玖佰捌拾叁元陆角整 | | | | | （小写） | ¥10 983.60 |
| 备注 | 销售方开户银行：中国工商银行滨江兴安支行；银行账号：83852674 | | | | | | |

开票人：陈晓艺

90-2

ICBC 中国工商银行 进账单 （收账通知） 3

2023年12月24日 第2405号

| | | | | | |
|---|---|---|---|---|---|
| 出票人 | 全 称 | 滨江市机床附件厂 | 收款人 | 全 称 | 光华机床有限责任公司 |
| | 账 号 | 1977645639 | | 账 号 | 83852674 |
| | 开户银行 | 中国工商银行滨江泉涌支行 | | 开户银行 | 中国工商银行滨江兴安支行 |
| 金额 | 人民币（大写） | 壹万零玖佰捌拾叁元陆角整 | | 千 百 十 万 千 百 十 元 角 分 | ¥ 1 0 9 8 3 6 0 |
| 票据种类 | 支票 | 票据张数 1 | | | |
| 票据号码 | | | | | |
| | 复核 记账 | | | 收款人开户行盖章 | |

（印章：中国工商银行 滨江兴安支行 2023.12.24 转讫）

此联是收款人开户银行交给收款人的收账通知

91　941203

## 成交过户交割凭单

2023年12月25日　　卖

| | | | |
|---|---|---|---|
| 股东编号： | A128463 | 成交证券： | 欧亚股份 |
| 电脑编号： | 83516 | 成交数量： | 305（股） |
| 公司编号： | 731 | 成交价格： | 148.00 |
| 申请编号： | 255 | 购买成本： | 30 500.00 |
| 申报时间： | 9:10 | 标准佣金： | 10.00 |
| 成交时间： | 12:30 | 过户费用： | 10.00 |
| 上次余额： | 2 305（股） | 印花税： | |
| 本次成交： | 305（股） | 应收金额： | |
| 本次余额： | 2 000（股） | 附加费用： | 120.00 |
| 本次库存： | 应收金额：45 000.00 | | |

经办单位：　　客户签章：光华机床有限责任公司

③通知联

滨江市证券交易所 财务专用章　　光华机床有限责任公司 财务专用章

---

92-1

## 电子发票（增值税专用发票）

发票号码：23212000000555355249

开票日期：2023年12月25日

全国统一发票监制章 国家税务总局 辽宁省税务局

| | | | |
|---|---|---|---|
| 购买方信息 | 名称：光华机床有限责任公司<br>统一社会信用代码/纳税人识别号：91210600603882153F | 销售方信息 | 名称：国网滨江供电公司<br>统一社会信用代码/纳税人识别号：912106006038872258 |

| 项目名称 | 规格型号 | 单位 | 数量 | 单价 | 金额 | 税率/征收率 | 税额 |
|---|---|---|---|---|---|---|---|
| *供电*售电 | | | | | 53 000.00 | 13% | 6 890.00 |
| 合　计 | | | | | ¥53 000.00 | | ¥6 890.00 |
| 价税合计（大写） | ⊗伍万玖仟捌佰玖拾元整 | | | | | （小写）¥59 890.00 | |
| 备注 | 销售方开户银行：中国工商银行滨江永安支行；银行账号：77582916 | | | | | | |

开票人：祁智忠

注：计入配电分厂。

---

92-2

## ICBC 中国工商银行　托收凭证（付款通知）　5

委托日期2023年12月25日　　付款期限2023年12月30日

| | | | | | | | |
|---|---|---|---|---|---|---|---|
| 业务类型 | 委托收款（□邮划、☑电划） | | 托收承付（□邮划、电划） | | | | |
| 付款人 | 全　称 | 光华机床有限责任公司 | | 收款人 | 全　称 | 国网滨江供电公司 | |
| | 账　号 | 83852674 | | | 账　号 | 77582916 | |
| | 地　址 | 辽宁省滨江市/县 | 开户行：工行滨江兴安支行 | | 地　址 | 辽宁省滨江市/县 | 开户行：工行滨江永安支行 |
| 托收金额 | 人民币（大写） | 伍万玖仟捌佰玖拾元整 | | | 千百十万千百十元角分 | ¥5989000 0 | |
| 款项内容 | 购电 | 托收凭据名称 | 发票 | 附寄单证张数 | 1张 | | |
| 商品发运情况 | | | 合同名称号码 | | | | |
| 备注：<br>付款人开户银行收到日期<br>年　月　日<br>复核　记账 | | 付款人开户银行签章<br>2023年12月25日 | 付款单位注意：<br>1.根据结算办法，上列委托收款（托收承付），如在付款期限内未拒付，即视同全部同意付款，以此代付款通知<br>2.如系全部或部分拒付，应在付款期限内，将拒付理由书并附债务证明退交开户银行 | | | | |

中国工商银行 滨江兴安支行 2023.12.25 结算专用章

此联是付款人开户行给付款人按期付款的通知

微课

坏账准备的计提业务

93 坏账准备计算表

2023年12月

| 账龄 | 应收账款期末余额(元) | 计提比例 | 坏账准备(元) |
|---|---|---|---|
| 1年以内 | 589 380 | 1% | |
| 1年至2年 | 50 000 | 10% | |
| 2年以上 | 10 000 | 20% | |
| 合计 | 649 380 | | |

制表：

## 场景三：

时间：周四 第一节

地点：阶梯教室C505

老师：汪洋

时间过得很快，在完成了前面的93笔业务实训后，94—99笔业务进入到了成本计算阶段。同学们在“成本会计”这门课程中已经学习了有关产品成本计算的理论、程序和方法。接下来我们将要通过对光华机床有限责任公司两种主要产品（普通床车和刻模铣床）本月生产费用归集和分配及完工产品的成本计算，来检验一下自己的知识掌握情况。

同学C

成本计算的过程非常复杂，尤其是对每个数值都要保留到小数点后两位，而且数据之间还存在内在的联系，一旦计算错误，会前功尽弃，工作量太大了。

汪洋老师

同学们存在的畏难情绪，实际上就是一种不自信和缺乏敬业精神的表现。为了保证计算的准确无误，同学们可以在小组内，相互核对、验算，这样就会防止计算上出现错误。

会计职业道德规范的主要内容之一就是“严肃认真，一丝不苟”。我们要通过这项工作，有意识地培养自己高超的计算技能。在实际工作中，对计算器的运用娴熟、计算结果准确度高，也是会计人员必备的技能之一；而且会计人员对数字的敏感度要高，往往对重要数据要做到过目不忘，这些基本功要靠日常工作中的日积月累才能达到。

同学

光华机床有限责任公司是一个典型的机械加工企业（制造业），生产工艺过程我们并不懂，也没有机会去企业参观、实习，但是，成本计算与生产过程联系得又很紧密。这个问题怎样解决?

汪洋老师

产品生产成本的计算的确与企业的生产流程、工艺相关，所以，不同类型（生产）的企业要采用不同的成本计算方法。我们实训模拟的企业光华机床有限责任公司有三个相对独立的分厂，它们之间在生产流程上是相互关联的，分为三个典型的阶段（铸造、机加工、装配），但是在产品成本的计算上又是相对独立的，其费用的归集与分配要在三个分厂之间按“受益原则”进行分配与计算。所以，这种模式适合采用“分步法下的平行结转分步法”。

同学们，现在有一种“业财融合”（业财一体化）的新概念，是新时代的财务人员转型的方向，是指会计人员要由传统会计核算向致力于业务发展转型。传统的会计核算下的财务人员对公司业务只是事后核算，也就是在业务完成后将业务数据交予财务人员，再由财务人员核算出财务数据，如收入、成本、利润等基本信息。而实现业财融合后财务人员既要懂核算，又要懂业务、懂经营，要全程参与业务过程并能提供方案和解决问题。可见，未来的财务要融入业务，由事后核算向事前预测、事中控制、事后监督转变。在产品成本计算的过程中，学习和掌握生产流程、工艺，不单是简单地核算成本，而要结合业务流程提出控制成本、降低成本的方案和建议，这才是会计发展的方向。

下面我给大家介绍一下发生在我身边的一件事。这个事例的主要人物就是我的大学同学，他现在是一家会计师事务所的所长。前不久，我发现他在《中国注册会计师》杂志上发表了一篇题为《从实务角度探讨热电联产成本核算方法的新路》的文章。认真拜读后，深受启发，所以，结合今天的问题与大家分享。

衡平联合会计师事务所受政府委托，对一个地方的高温水定价成本进行监审工作。工作中发现：目前热电联产的电厂成本核算方法简单粗放，扭曲了电力和热力成本的真实水平，提供了错误的经营成果信息，对热电厂的经营决策和政府热电产品定价有百害而无一利。但是被审计的企业认为这是几十年行业的一贯做法，而且有省一级的文件为依据。

为此，衡平联合会计师事务所的吴所长和审计人员，深入实际调研，请教行业专家并经过反复测算，认为：成本核算得正确与否，直接影响企业的成本预测、计划、分析、考核和改进等成本控制工作。同时，成本核算数据也是国家核定上网电价和城市高温水价格的基础数据。电厂用现行的办法进行成本核算，上误国家，下误企业。经过多方认定，最终提出了“电厂高温水成本纠偏方案”：

1.热电厂生产过程中的燃料成本、人工成本、材料费、运行成本、折旧费、财务费用、管理费用等都要通过“分摊”分配给电力和热力两种产品。

2.电力和热力分配成本费用的依据：电力和热力的标准煤耗量。

3.燃煤在锅炉中燃烧，锅炉生产的蒸汽通过汽轮机作功或分流生产电力和热力产品，无法通过计量的方式计量出电力、热力标准煤耗量，只能通过一定的办法进行分摊。

通过计算比较纠偏前后的成本计算和利润表，得出了下面结论：

电力产品，受上网电价的限制，是电厂经营困难的主因。电厂改善经营的方向，不能片面地放在争取上网电量上，应放在进一步节能降耗、开源节流上。热力产品是企业的主要利润来源，应努力稳定现有热用户，开发新的热用户，放大盈利空间。

通过上述事例，我们可以从中得出一个发人深思的结论：会计、审计工作中，坚守初心和责任担当是根本。当你能熟知企业业务和生产流程，才能发现深层次的问题，衡平联合会计师事务所的审计人员并不是仅限于完成审计工作，而是在此基础上，为行业成本计算改进作出了正确的职业判断并提出了有价值的专业建议。

# 材料成本差异计算表

2023年12月

金额单位：元

| 领料部门及用途 | | | 原料及主要材料 | | 燃料 | | 外购半成品 | | 辅助材料 | | 周转材料 | | 合计 | |
|---|---|---|---|---|---|---|---|---|---|---|---|---|---|---|
| | | | 计划成本 | 成本差异 | 计划成本 | 成本差异 | 计划成本 | 成本差异 | 计划成本 | 成本差异 | 计划成本 | 成本差异 | 计划成本 | 成本差异 |
| 材料成本差异率 | | | | | | | | | | | | | | |
| 基本生产成本 | 铸造分厂 | 普通车床 | | | | | | | | | | | | |
| | | 刻模铣床 | | | | | | | | | | | | |
| | 机加工分厂 | 普通车床 | | | | | | | | | | | | |
| | | 刻模铣床 | | | | | | | | | | | | |
| | 装配分厂 | 普通车床 | | | | | | | | | | | | |
| | | 刻模铣床 | | | | | | | | | | | | |
| 辅助生产成本 | 机修分厂 | | | | | | | | | | | | | |
| | 配电分厂 | | | | | | | | | | | | | |
| 制造费用 | 铸造分厂 | | | | | | | | | | | | | |
| | 机加工分厂 | | | | | | | | | | | | | |
| | 装配分厂 | | | | | | | | | | | | | |
| 公司总部 | | | | | | | | | | | | | | |
| 合计 | | | | | | | | | | | | | | |

制表：

95

## 固定资产折旧计算表

2023年12月　　　　单位：元

| 月折旧额 / 固定资产类别 | 铸造分厂 | 机加工分厂 | 装配分厂 | 机修分厂 | 配电分厂 | 公司总部 | 合计 |
|---|---|---|---|---|---|---|---|
| 房屋及建筑物 | 3 600.00 | 4 000.00 | 8 266.00 | 520.00 | 600.00 | 3 983.04 | 20 969.04 |
| 机器设备 | 4 056.00 | 14 344.20 | 10 530.00 | 936.00 | 1 560.00 | 3 120.00 | 34 546.20 |
| 运输工具 | | | | | | 9 539.43 | 9 539.43 |
| 电子设备及其他 | 18 900.00 | 22 950.00 | 10 800.00 | | | | 52 650.00 |
| 合计 | 26 556.00 | 41 294.20 | 29 596.00 | 1 456.00 | 2 160.00 | 16 642.47 | 117 704.67 |

制表：高国有

注：装配分厂的机器设备折旧中含已租赁的装配分厂生产线本月折旧金额5 850元。

96

## 职工薪酬分配表

年　　月　　　　金额单位：元

| 分厂、产品 | | 定额工时 | 直接人工费用 | |
|---|---|---|---|---|
| | | | 分配率 | 分配额 |
| 铸造分厂 | 普通车床 | | | |
| | 刻模铣床 | | | |
| | 合计 | | | |
| 机加工分厂 | 普通车床 | | | |
| | 刻模铣床 | | | |
| | 合计 | | | |
| 装配分厂 | 普通车床 | | | |
| | 刻模铣床 | | | |
| | 合计 | | | |
| 制造费用 | 铸造分厂 | | | |
| | 机加工分厂 | | | |
| | 装配分厂 | | | |
| 辅助生产分厂 | 机修分厂 | | | |
| | 配电分厂 | | | |
| 公司总部 | | | | |

制表：

微课
职工薪酬分配

97-1

## 辅助生产提供用电、劳务数量

2023年12月

| 辅助生产分厂 | 铸造分厂 | | 机加工分厂 | | 装配分厂 | | 机修分厂 | 公司总部 | 合计 |
|---|---|---|---|---|---|---|---|---|---|
| | 生产用 | 管理用 | 生产用 | 管理用 | 生产用 | 管理用 | | | |
| 机修分厂 | | 12 500 | | 30 200 | | 26 126 | | 5 000 | 73 826(小时) |
| 配电分厂 | 15 000 | 12 500 | 60 000 | 17 500 | 30 000 | 13 200 | 3 000 | 21 810 | 173 010(度) |

微课
辅助生产费用的分配

97-2

# 辅助生产费用分配表

年　　月　　　　　　　　　　　　　　　　　　　　　　　　金额单位：元

| 辅助生产分厂 | 应分配费用额 | 劳务用电数量 | 分配额 | | | | | | | | | | | | | |
|---|---|---|---|---|---|---|---|---|---|---|---|---|---|---|---|---|
| | | | 生产成本 | | | | | | 制造费用 | | | | | | 管理费用 | |
| | | | 铸造分厂 | | 机加工分厂 | | 装配分厂 | | 铸造分厂 | | 机加工分厂 | | 装配分厂 | | 数量 | 金额 |
| | | | 数量 | 金额 | 数量 | 金额 | 数量 | 金额 | 数量 | 金额 | 数量 | 金额 | 数量 | 金额 | | |
| 机修分厂 | | | | | | | | | | | | | | | | |
| 配电分厂 | | | | | | | | | | | | | | | | |
| 合　计 | | | | | | | | | | | | | | | | |

制表：

97-3

# 动力费用分配表

年　　月　　　　　　　　　　　　　　　　　　　　　　　　金额单位：元

| 分厂、产品 | | 定额工时 | 分配率 | 动力费用分配额 |
|---|---|---|---|---|
| 铸造分厂 | 普通车床 | | | |
| | 刻模铣床 | | | |
| | 合计 | | | |
| 机加工分厂 | 普通车床 | | | |
| | 刻模铣床 | | | |
| | 合计 | | | |
| 装配分厂 | 普通车床 | | | |
| | 刻模铣床 | | | |
| | 合计 | | | |

制表：

98

# 制造费用分配表

年　　月　　　　　　　　　　　　　　　　　　　　　　　　金额单位：元

| 分厂、产品 | | 定额工时 | 分配率 | 制造费用分配额 |
|---|---|---|---|---|
| 铸造分厂 | 普通车床 | | | |
| | 刻模铣床 | | | |
| | 合计 | | | |
| 机加工分厂 | 普通车床 | | | |
| | 刻模铣床 | | | |
| | 合计 | | | |
| 装配分厂 | 普通车床 | | | |
| | 刻模铣床 | | | |
| | 合计 | | | |

制表：

微课

制造费用的分配

微课
成本计算

99-1

分厂名称：　　　　　　　　**分厂制造成本计算单**　　　　　　　　完工产量：

产品名称：　　　　　　　　年　　月　　　　　　　　金额单位：元

| 成本项目 | 月初在产品成本 | 本月生产费用 | 费用合计 | 约当产量 | 分配率 | 完工产品成本 | 月末在产品成本 |
|---|---|---|---|---|---|---|---|
| 直接材料 | | | | | | | |
| 直接人工 | | | | | | | |
| 制造费用 | | | | | | | |
| 合　计 | | | | | | | |

制表：

99-2

分厂名称：　　　　　　　　**分厂制造成本计算单**　　　　　　　　完工产量：

产品名称：　　　　　　　　年　　月　　　　　　　　金额单位：元

| 成本项目 | 月初在产品成本 | 本月生产费用 | 费用合计 | 约当产量 | 分配率 | 完工产品成本 | 月末在产品成本 |
|---|---|---|---|---|---|---|---|
| 直接材料 | | | | | | | |
| 直接人工 | | | | | | | |
| 制造费用 | | | | | | | |
| 合　计 | | | | | | | |

制表：

99-3

分厂名称：　　　　　　　　**分厂制造成本计算单**　　　　　　　　完工产量：

产品名称：　　　　　　　　年　　月　　　　　　　　金额单位：元

| 成本项目 | 月初在产品成本 | 本月生产费用 | 费用合计 | 约当产量 | 分配率 | 完工产品成本 | 月末在产品成本 |
|---|---|---|---|---|---|---|---|
| 直接材料 | | | | | | | |
| 直接人工 | | | | | | | |
| 制造费用 | | | | | | | |
| 合　计 | | | | | | | |

制表：

99-4

分厂名称：　　　　　　　　**分厂制造成本计算单**　　　　　　　　完工产量：

产品名称：　　　　　　　　年　　月　　　　　　　　金额单位：元

| 成本项目 | 月初在产品成本 | 本月生产费用 | 费用合计 | 约当产量 | 分配率 | 完工产品成本 | 月末在产品成本 |
|---|---|---|---|---|---|---|---|
| 直接材料 | | | | | | | |
| 直接人工 | | | | | | | |
| 制造费用 | | | | | | | |
| 合　计 | | | | | | | |

制表：

99-5

分厂名称：　　　　**分厂制造成本计算单**　　　　完工产量：

产品名称：　　　　年　　月　　　　金额单位：元

| 成本项目 | 月初在产品成本 | 本月生产费用 | 费用合计 | 约当产量 | 分配率 | 完工产品成本 | 月末在产品成本 |
|---|---|---|---|---|---|---|---|
| 直接材料 | | | | | | | |
| 直接人工 | | | | | | | |
| 制造费用 | | | | | | | |
| 合　计 | | | | | | | |

制表：

99-6

分厂名称：　　　　**分厂制造成本计算单**　　　　完工产量：

产品名称：　　　　年　　月　　　　金额单位：元

| 成本项目 | 月初在产品成本 | 本月生产费用 | 费用合计 | 约当产量 | 分配率 | 完工产品成本 | 月末在产品成本 |
|---|---|---|---|---|---|---|---|
| 直接材料 | | | | | | | |
| 直接人工 | | | | | | | |
| 制造费用 | | | | | | | |
| 合　计 | | | | | | | |

制表：

99-7　　　　**完工产品制造成本汇总计算单**　　　　完工产量：

产品名称：　　　　年　　月　　　　金额单位：元

| 部　门 | 直接材料 | 直接人工 | 制造费用 | 产品总成本 | 产品单位成本 |
|---|---|---|---|---|---|
| 铸造分厂 | | | | | |
| 机加工分厂 | | | | | |
| 装配分厂 | | | | | |
| 产品总成本 | | | | | |
| 产品单位成本 | | | | | |

制表：

99-8　　　　**完工产品制造成本汇总计算单**　　　　完工产量：

产品名称：　　　　年　　月　　　　金额单位：元

| 部　门 | 直接材料 | 直接人工 | 制造费用 | 产品总成本 | 产品单位成本 |
|---|---|---|---|---|---|
| 铸造分厂 | | | | | |
| 机加工分厂 | | | | | |
| 装配分厂 | | | | | |
| 产品总成本 | | | | | |
| 产品单位成本 | | | | | |

制表：

99-9

# 产　品　交　库　单

交库部门：　　　　　　　　　　　　　　　　　　　　　　凭证编号：

产成品库：　　　　　　　　年　　月　　　　　　　　　　金额单位：元

| 产品类别 | 产品名称及规格 | 产品编号 | 计量单位 | 实收数量 | 单位成本 | 实际成本 |
|---|---|---|---|---|---|---|
| | | | | | | |
| | | | | | | |
| 合　计 | | | | | | |

记账：　　　　主管：　　　　保管：　　　　交库：

99-10

# 产　品　交　库　单

交库部门：　　　　　　　　　　　　　　　　　　　　　　凭证编号：

产成品库：　　　　　　　　年　　月　　　　　　　　　　金额单位：元

| 产品类别 | 产品名称及规格 | 产品编号 | 计量单位 | 实收数量 | 单位成本 | 实际成本 |
|---|---|---|---|---|---|---|
| | | | | | | |
| | | | | | | |
| 合　计 | | | | | | |

记账：　　　　主管：　　　　保管：　　　　交库：

100

# 产品销售成本计算表

年　　月　　　　　　　　　　金额单位：元

| 产品名称 | 期初结存 | | | 本期完工入库 | | | 本期销售 | | |
|---|---|---|---|---|---|---|---|---|---|
| | 数量 | 单位成本 | 总成本 | 数量 | 单位成本 | 总成本 | 数量 | 单位成本 | 总成本 |
| 普通车床 | | | | | | | | | |
| 刻模铣床 | | | | | | | | | |

制表：张昌江　　　　财务科长：高　林

微课

产品销售成本的计算与结转

101

# 领料单

2023年12月29日　　　　　　　　第0905号

<table>
<tr><td rowspan="2">材料编号</td><td rowspan="2">材料名称</td><td rowspan="2">规格</td><td rowspan="2">单位</td><td rowspan="2">请领数量</td><td rowspan="2">实发数量</td><td colspan="2">计划价格</td></tr>
<tr><td>单价</td><td>金额</td></tr>
<tr><td>15405</td><td>圆钢</td><td></td><td>吨</td><td>3</td><td>3</td><td>3 000.00</td><td>9 000.00</td></tr>
<tr><td rowspan="3">用　途</td><td rowspan="3">对外销售</td><td colspan="2">领料部门</td><td colspan="4">发料部门</td></tr>
<tr><td>负责人</td><td>领料人</td><td colspan="2">核准人</td><td colspan="2">发料人</td></tr>
<tr><td></td><td>王强</td><td colspan="2"></td><td colspan="2">宋　波</td></tr>
</table>

②仓库记账后转财会科

102-1

# 固定资产验收单

2023年12月30日

| 资产类别 | 资产编号 | 资产名称 | 计量单位 | 数量 | 原值（元） | 预计使用年限 | 增加方式 | 使用部门 |
|---|---|---|---|---|---|---|---|---|
| 机器设备 | 0217 | 普通车床 | 台 | 2 | 48 516.18 | 10年 | 库存商品转入 | 机加工分厂 |
| 合计 | | | | | 48 516.18 | | | |

经办：王宏伟　　　　复核：宋华文　　　　财务：高　林

102-2

## 产品出库单

用途：自用　　2023年12月30日　　凭证编号：11010

产成品库：一号库

| 类别 | 编号 | 名称及规格 | 计量单位 | 数量 | 单位成本 | 总成本 | 附注： |
|---|---|---|---|---|---|---|---|
| | 25001 | 普通车床CA6140I1 000 | 台 | 2 | | | 机加工车间作为固定资产使用。 设备科 |
| | | | | | | | |
| 合计 | | | | | | | |

记账：　　保管：高军辉　　检验：　　制单：

二 财务留存

103

## 交易性金融资产公允价值损益计算表

2023年12月30日　　单位：元

| 交易性金融资产资账面价值 | 公允价值 | 公允价值变动损益 |
|---|---|---|
| | 274 000 | |

制表：于波　　审批：高林

104

## 存货跌价准备计算表

2023年12月30日　　单位：元

| 存货类会计科目 | 期末余额（借方） | 可变现净值 | 本期计提存货跌价准备 |
|---|---|---|---|
| 库存商品 | | | |
| 原材料 | | | |
| 周转材料 | | | |
| 生产成本 | | | |
| 材料采购 | | | |
| 材料成本差异 | | | |
| 存货跌价准备 | | | |
| 合计 | | 3 479 903.67 | |

制表：于波　　审批：高林

105

## 固定资产减值准备计算表

2023年12月30日　　单位：元

| 原值 | 累计折旧 | 期初减值准备 | 账面价值 | 可回收金额 | 本期计提减值准备金额 |
|---|---|---|---|---|---|
| | | | | 9 855 240.77 | |

制表：于波　　审批：高林

106

## 无形资产减值准备计算表

2023年12月30日　　单位：元

| 原值 | 累计摊销 | 期初减值准备 | 账面价值 | 可回收金额 | 本期计提减值准备金额 |
|---|---|---|---|---|---|
| | | | | 43 231.50 | |

制表：于波　　审批：高林

107-1

对销售的机床，承诺出售后两年内如有非意外事故造成的机床故障和质量问题，公司免费负责保修。根据以往经验，发生的保修费一般为销售额的1%~2%，因此，公司对销售的产品计提预计负债。

财务科长：高林
2023年12月5日

107-2

## 预计负债计提表

2023年12月30日　　　　单位：元

| 本月销售额 | 预计比例 | 计提预计负债 |
|---|---|---|
| | (0.01+0.02) ÷2 | |
| | | |

制表：于波　　　　审批：高林

108-1

## 转出未交增值税计算表

2023年12月30日　　　　单位：元

| 本月销项税额 | 本月进项税额 | 本月进项税转出额 | 本月未交增值税额 |
|---|---|---|---|
| | | | |

微课

税费的计算

108-2

## 税费计算表

2023年12月31日　　　　金额单位：元

| 税种 | 计税（费）依据 | 税率 | 税费金额 |
|---|---|---|---|
| 城市维护建设税 | | 7% | |
| 教育费附加 | | 3% | |
| 地方教育附加 | | 2% | |
| 城镇土地使用税 | 800 | 18元/平方米 | |
| 房产税 | 1 838 750 | 1.2% | |
| 合计 | | | |

制表：于波　　　　审批：高林

## 场景四：

时间：周五第二节

地点：会计模拟实训室A101

教师：汪洋

同学们，从这节课开始我们进入了会计核算的损益结转。在这个过程中，需要将本期的各项收入和费用进行汇总，并进行结转，最终计算出本期的损益。

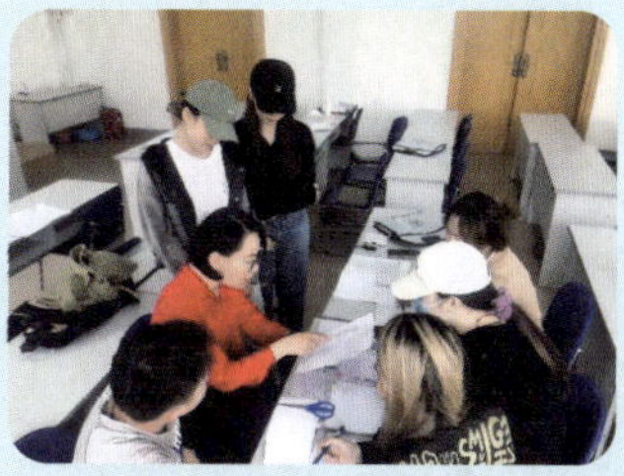

同学E

我们知道损益的计算很重要，它不仅涉及企业财务成果的正确与否，还会影响到企业应上缴的所得税。但是，我们经常看到一些企业财务的舞弊案，为什么大多数企业造假都是虚构收入呢？

汪洋老师

企业舞弊的动因就是美化业绩或虚增资产，首先虚增收入是最直接的方法。其次，收入的确认存在着一定的职业判断，一些企业会利用这一点做文章。请大家看下面两个案例：

通过这两个案例，提醒同学们，财务舞弊的手段无论怎么高明，最终都不会成为漏网之鱼。所以，我们要时刻做到客观公正。

我国《会计职业道德规范》中规定，对于会计职业活动而言，客观主要包括两层含义：一是真实性，即以实际发生的经济活动为依据，对会计事项进行确认、计量、记录和报告；二是可靠性，即会计核算要准确，记录要可靠，凭证要合法。公正就是要求各企、事业单位管理层和会计人员不仅应当具备诚实的品质，而且应公正地开展会计核算和会计监督工作，即在履行会计职能时，摒弃单位、个人私利，公平公正，不偏不倚地对待相关利益各方。作为注册会计师在进行审计鉴证时，应以超然独立的姿态，进行公平公正的判断和评价，出具客观、适当的审计意见。

2018年财政部发布了《关于加强会计人员诚信建设的指导意见》，提出了加强会计人员诚信意识、加强会计人员信用档案建设和健全会计人员守信联合激励和失信联合惩戒机制的若干内容。请同学们走上工作岗位后，无论职务发生什么变化，一定要守好会计工作诚信这条底线。

链接

《关于加强会计人员诚信建设的指导意见》

109-1

## 所得税计算表

2023年12月30日　　　　金额单位：元

| | |
|---|---|
| 全年利润总额 | |
| 全年应纳税所得额 | |
| 所得税税率 | 25% |
| 全年应交所得税 | |
| 本期所得税费用 | |

制表：　　　　审批：

微课

利润的计算

109-2

## 利润分配计算表

2023年12月31日　　　　金额单位：元

| 利润分配项目 | 分配比例 | 分配额 |
|---|---|---|
| 提取法定盈余公积 | 10% | |
| 对外分配利润 | 20% | |

制表：　　　　审批：

110-1

# 中国工商银行客户存款对账单



网点号：0101　　币种：人民币　　单位：元　　2023 年　　页号：1

账 号：83852674　　户名：光华机床有限责任公司

| 日期 | 对方户名 | 摘要 | 借方发生额 | 贷方发生额 | 余额 |
|---|---|---|---|---|---|
| 12-01 | | 托收手续费 | 18.20 | 0.00 | 1 616 481.80 |
| 12-01 | 中国工商银行滨江兴安支行 | 借款 | 0.00 | 140 000.00 | 1 756 481.80 |
| 12-01 | 中国工商银行滨江兴安支行 | 借款 | 0.00 | 520 000.00 | 2 276 481.80 |
| 12-02 | 滨江市慈善总会 | 捐赠款 | 25 000.00 | 0.00 | 2 251 481.80 |
| 12-02 | 中国太平洋保险股份有限公司 | 保险费 | 63 663.60 | 0.00 | 2 187 818.20 |
| 12-03 | 四通运输有限公司 | 运费 | 3 200.00 | 0.00 | 2 184 618.20 |
| 12-03 | 大连市起重机厂 | 购起重机及安装款 | 34 079.80 | 0.00 | 2 150 538.40 |
| 12-03 | 滨江市机电公司 | 货款 | 0.00 | 158 200.00 | 2 308 738.40 |
| 12-04 | 滨江市重型机械厂 | 购万能磨床 | 167 240.00 | 0.00 | 2 141 498.40 |
| 12-04 | 中国工商银行滨江兴安支行 | 利息 | 5 880.00 | 0.00 | 2 135 618.40 |
| 12-04 | 沈阳市机电公司 | 销售退回 | 63 280.00 | 0.00 | 2 072 338.40 |
| 12-04 | 锦江餐饮有限责任公司 | 餐费 | 2 500.00 | 0.00 | 2 069 838.40 |
| 12-05 | 本溪钢铁公司 | 采购余款 | 0.00 | 3 399.45 | 2 073 237.85 |
| 12-05 | 滨江市报业集团 | 报刊费 | 4 800.00 | 0.00 | 2 068 437.85 |
| 12-05 | 南方机电公司 | 货款 | 0.00 | 400 000.00 | 2 468 437.85 |
| 12-05 | 待报解预算收入-银税通 | 税款 | 172 165.00 | 0.00 | 2 296 272.85 |
| 12-06 | 滨江劳保用品商店 | 劳保用品 | 1 887.10 | 0.00 | 2 294 385.75 |
| 12-06 | 滨江市物资公司 | 购货 | 429.40 | 0.00 | 2 293 956.35 |
| 12-07 | 中国工商银行滨江兴安支行 | 还借款 | 200 000.00 | 0.00 | 2 093 956.35 |
| 12-07 | 待报解预算收入-银税通 | 税款 | 2 535.00 | 0.00 | 2 091 421.35 |
| 12-07 | 中国工商银行滨江兴安支行 | 贴现 | 0.00 | 77 556.60 | 2 168 977.95 |
| 12-08 | 中国工商银行滨江兴安支行 | 采购剩余款 | 0.00 | 3 103.90 | 2 172 081.85 |
| 12-09 | 抚顺煤矿 | 购煤 | 6 573.96 | 0.00 | 2 165 507.89 |
| 12-09 | | 对公收费明细入账 | 5.00 | 0.00 | 2 165 502.89 |
| 12-09 | 滨江设备大修厂 | 修理费 | 10 396.00 | 0.00 | 2 155 106.89 |
| 12-10 | 长春市机电公司 | 购货 | 0.00 | 481 190.00 | 2 636 296.89 |
| 12-10 | 滨江市乡镇企业公司 | 磨齿机 | 0.00 | 30 510.00 | 2 666 806.89 |
| 12-10 | 尚文 | 医药费 | 8 000.00 | 0.00 | 2 658 806.89 |
| 12-10 | 滨江市机床经销公司 | 租金 | 0.00 | 9 492.00 | 2 668 298.89 |
| 12-10 | 投资银行滨江市分行 | 企业债券 | 540 000.00 | 0.00 | 2 128 298.89 |
| 12-10 | 滨江市天龙电脑公司 | 笔记本 | 6 895.46 | 0.00 | 2 121 403.43 |

110-2

# 中国工商银行客户存款对账单

中国工商银行滨江兴安支行 自动回单机专用章 (001)

网点号：0101　　币种：人民币　　单位：元　　2023年　　页号：2

账 号：83852674　　户名：光华机床有限责任公司

| 日期 | 对方户名 | 摘要 | 借方发生额 | 贷方发生额 | 余额 |
|---|---|---|---|---|---|
| 12-10 | 中国工商银行滨江兴安支行 | 还借款 | 550 000.00 | 0.00 | 1 571 403.43 |
| 12-10 | 滨江市劳务公司 | 拆卸费 | 4 500.00 | 0.00 | 1 566 903.43 |
| 12-10 | 滨江市物资回收公司 | 锅炉 | 0.00 | 10 170.00 | 1 577 073.43 |
| 12-11 | 上海钢厂 | 支付货款 | 286 000.00 | 0.00 | 1 291 073.43 |
| 12-12 | 顺达集团公司 | 购货 | 0.00 | 127 125.00 | 1 418 198.43 |
| 12-12 | 滨江装卸公司 | 装卸费 | 1 500.00 | 0.00 | 1 416 698.43 |
| 12-12 | | 代发代扣工资 | 281 308.00 | 0.00 | 1 135 390.43 |
| 12-13 | 光华机床有限责任公司 | 提现 | 17 000.00 | 0.00 | 1 118 390.43 |
| 12-13 | 宏达轴承厂 | 货款 | 500 000.00 | 0.00 | 618 390.43 |
| 12-14 | 滨江市小型机车厂 | 购买技术 | 0.00 | 35 000.00 | 653 390.43 |
| 12-14 | 滨江市机床经销公司 | 货款 | 0.00 | 100 000.00 | 753 390.43 |
| 12-15 | 滨江市锅炉制造厂 | 锅炉安装 | 20 000.00 | 0.00 | 733 390.43 |
| 12-15 | 待报解预算收入-银税通 | 税款 | 132 864.00 | 0.00 | 600 526.43 |
| 12-15 | 滨江市住房公积金管理中心 | 缴纳住房公积金 | 88 090.00 | 0.00 | 512 436.43 |
| 12-16 | 滨江市木器厂 | 购货 | 30 058.00 | 0.00 | 482 378.43 |
| 12-16 | 滨江机床研究所 | 购专利技术 | 28 000.00 | 0.00 | 454 378.43 |
| 12-16 | 中国工商银行滨江兴安支行 | 借款 | 0.00 | 400 000.00 | 854 378.43 |
| 12-18 | 光华机床有限责任公司 | 存现 | 0.00 | 1 140.00 | 855 518.43 |
| 12-18 | 滨江市自来水公司 | 水费 | 5 341.00 | 0.00 | 850 177.43 |
| 12-18 | 滨江市邮电局 | 电话费 | 6 758.00 | 0.00 | 843 419.43 |
| 12-20 | 大有工程公司 | 劳务费 | 3 000.00 | 0.00 | 840 419.43 |
| 12-20 | 光大物资公司 | 购货 | 0.00 | 6 102.00 | 846 521.43 |
| 12-20 | 滨江环保监管所 | 罚款 | 5 000.00 | 0.00 | 841 521.43 |
| 12-20 | 长春汽车配件有限公司 | 货款 | 0.00 | 800 000.00 | 1 641 521.43 |
| 12-21 | 大众贸易公司 | 补价 | 0.00 | 17 400.00 | 1 658 921.43 |
| 12-21 | 滨江市车辆管理所 | 汽车过户费 | 6 200.00 | 0.00 | 1 652 721.43 |
| 12-21 | 中国太平洋保险股份公司 | 保险费 | 10 600.00 | 0.00 | 1 642 121.43 |
| 12-22 | 滨江市重型机械厂 | 采购款 | 11 000.00 | 0.00 | 1 631 121.43 |
| 12-22 | 滨江市机床经销公司 | 包装物押金 | 2 500.00 | 0.00 | 1 628 621.43 |
| 12-22 | 光华机床有限责任公司 | 存现 | 0.00 | 1 800.00 | 1 630 421.43 |
| 12-23 | 滨江市机床附件厂 | 利润分配 | 0.00 | 40 000.00 | 1 670 421.43 |

110-3

# 中国工商银行客户存款对账单

网点号：0101　　币种：人民币　　单位：元　　2023年　　页号：3

账号：83852674　　户名：光华机床有限责任公司

| 日期 | 对方户名 | 摘要 | 借方发生额 | 贷方发生额 | 余额 |
|---|---|---|---|---|---|
| 12-23 | 滨江机械修造厂 | 修理费 | 51 800.00 | 0.00 | 1 618 621.43 |
| 12-23 | 滨江电器商店 | 采购款 | 7 345.00 | 0.00 | 1 611 276.43 |
| 12-24 | 滨江广告公司 | 广告费 | 7 500.00 | 0.00 | 1 603 776.43 |
| 12-24 | 滨江市机床附件厂 | 购货 | 0.00 | 10 983.60 | 1 614 760.03 |
| 12-25 | 国网滨江供电公司 | 购电 | 59 890.00 | 0.00 | 1 554 870.03 |
| 12-31 | 滨江市机床经销公司 | 货款 | 0.00 | 84 600.00 | 1 639 470.03 |

截止：2023年12月31日账户余额（额度）：1 639 470.03

打印次数：1　　打印日期：2024年1月2日

（印章：中国工商银行滨江兴安支行 自动回单机专用章 0001）

110-4

# 银行存款余额调节表

2023年12月31日　　单位：元

| 项目 | 金额 | 项目 | 金额 |
|---|---|---|---|
| 企业银行存款日记账余额 | | 银行对账单余额 | |
| 加：银行已收企业未收 | | 加：企业已收银行未收 | |
| 减：银行已付企业未付 | | 减：企业已付银行未付 | |
| 调节后的存款余额 | | 调节后的存款余额 | |

编制：　　审核：

## 场景五：

时间：周二第一节

地点：阶梯教室C505

教师：汪洋

经过一个多月的会计综合模拟实训，我们的课程已经进入了尾声。接下来我们要完成最后一项工作——编制会计报表。根据实训资料，要求同学们编制“资产负债表”和“利润表”两张报表。

同学F

编制会计报表我们已经学习过，在结账的基础上我们有信心完成这两张重要的会计报表的编制。企业的财务报表是要提供给外部的信息使用者和内部的企业管理层，这些财务信息到底有什么用？

汪洋老师

这些知识我们在日常的教学中都学习过，先请同学们自己思考并归纳一下。下面请同学C来讲一下他的理解。

同学C

企业会计工作最终提供的财务报告主要包括两部分，一部分是以会计报表的形式呈现的；还有一部分则是以文字、附注的形式表现的。其主要的目的是对外提供财务信息，供利益相关方，如国家财政和税务等部门以及投资方、客户、银行等了解和掌握企业的财务状况，并进行监管和开展业务合作；对内是为企业的管理层提供经营管理需要的财务信息，进一步提高管理水平，同时也为其作出正确的经济决策提供可靠的依据。

汪洋老师

同学C总结得很好。说明他已经将所学的会计知识基本融会贯通了，大家要向他学习！

同学们，我们的“会计综合模拟实训”课程随着会计报表的完成，也即将结束。在这段时间里，大家的收获一定很大，现在请同学们谈一谈体会和感受。

同学C

通过这一个月的会计综合模拟实训课，我对自己毕业后走向会计工作岗位的信心更足了。以前尽管对会计分录的编制、登记账簿和编制会计报表这些知识点已经基本掌握了，但是，缺乏对会计流程的一个整体概念。这次我们身临其境，自己从原始凭证的识别到会计报表的编制有了全面的体验，也真正明白了会计核算的全过程。特别是在成本计算过程中，各项费用的归集、分配以及辅助生产成本和基本生产成本之间的分配和结转，这些是在其他课程上无法学到的。

同学H

我在没上会计综合模拟实训课之前，感觉自己对这几年学习的会计知识掌握得还可以，每学期的成绩一直很好。但是，在做这套模拟实训中，发现自己存在一些误区。比如，对原始凭证的识别和判断不够准确，在登记账簿时，特别是明细账经常出现漏记的情况，在成本计算时对约当产量的计算也理解得不对。通过这次实训课，我不仅找到了自己存在的问题，也对一些不十分确定的知识点加深了理解。非常感谢学校开设的这门课程，使我对胜任会计工作的底气更足了。

汪洋老师

同学们，你们即将完成学业，走向工作岗位。这段时间也有一部分同学已签了就业协议。祝贺你们成为会计工作岗位的新生力量。但学校仅仅是工作、学习生涯的第一步，接下来还有很长的路要靠自己去勇敢前行。

最后，还是要告诫大家牢记：我国《会计职业道德规范》中明确会计职业道德的基础就是“爱岗敬业”，指的是忠于职守的事业精神。爱岗就是会计人员应该热爱自己的本职工作，安心于本职岗位。敬业就是会计人员应该充分认识本职工作在社会经济活动中的地位和作用，认识本职工作的社会意义和道德价值，具有会计职业的荣誉感和自豪感，在职业活动中具有高度的劳动热情和创造性，以强烈的事业心、责任感从事会计工作。

链接

《会计职业道德规范》

111

# 资产负债表(简)

会企01表

编制单位：　　　　年　　月　　日　　　　单位：元

| 资产 | 期末余额 | 上年年末余额 | 负债和所有者权益（或股东权益） | 期末余额 | 上年年末余额 |
|---|---|---|---|---|---|
| 流动资产： | | | 流动负债： | | |
| 货币资金 | | | 短期借款 | | |
| 交易性金融资产 | | | 交易性金融负债 | | |
| 应收票据 | | | 应付票据 | | |
| 应收账款 | | | 应付账款 | | |
| 预付款项 | | | 预收款项 | | |
| 其他应收款 | | | 合同负债 | | |
| 存货 | | | 应付职工薪酬 | | |
| 合同资产 | | | 应交税费 | | |
| 一年内到期的非流动资产 | | | 其他应付款 | | |
| 其他流动资产 | | | 一年内到期的非流动负债 | | |
| 流动资产合计 | | | 其他流动负债 | | |
| 非流动资产： | | | 流动负债合计 | | |
| 债权投资 | | | 非流动负债： | | |
| 其他债权投资 | | | 长期借款 | | |
| 长期应收款 | | | 应付债券 | | |
| 长期股权投资 | | | 长期应付款 | | |
| 投资性房地产 | | | 预计负债 | | |
| 固定资产 | | | 递延所得税负债 | | |
| 在建工程 | | | 其他非流动负债 | | |
| 生产性生物资产 | | | 非流动负债合计 | | |
| 油气资产 | | | 负债合计 | | |
| 无形资产 | | | 所有者权益（或股东权益）： | | |
| 开发支出 | | | 实收资本（或股本） | | |
| 商誉 | | | 资本公积 | | |
| 长期待摊费用 | | | 其他综合收益 | | |
| 递延所得税资产 | | | 盈余公积 | | |
| 其他非流动资产 | | | 未分配利润 | | |
| 非流动资产合计 | | | 所有者权益（或股东权益）合计 | | |
| 资产总计 | | | 负债和所有者权益（或股东权益）总计 | | |

112

# 利润表（简）

会企02表

编制单位：　　　　　　　　　　　　年　　月　　　　　　　　　　　　单位：元

| 项目 | 本月金额 | 本年累计金额 |
| --- | --- | --- |
| 一、营业收入 | | |
| 减：营业成本 | | |
| 　　税金及附加 | | |
| 　　销售费用 | | |
| 　　管理费用 | | |
| 　　研发费用 | | |
| 　　财务费用 | | |
| 　　　其中：利息费用 | | |
| 　　　　　　利息收入 | | |
| 加：其他收益 | | |
| 　　投资收益（损失以“-”号填列） | | |
| 　　　其中：对联营企业和合营企业的投资收益 | | |
| 　　公允价值变动收益（损失以“-”号填列） | | |
| 　　信用减值损失（损失以“-”号填列） | | |
| 　　资产减值损失（损失以“-”号填列） | | |
| 　　资产处置收益（损失以“-”号填列） | | |
| 二、营业利润（亏损以“-”号填列） | | |
| 加：营业外收入 | | |
| 减：营业外支出 | | |
| 三、利润总额（亏损总额以“-”号填列） | | |
| 减：所得税费用 | | |
| 四、净利润（净亏损以“-”号填列） | | |

# 实训二 会计信息化实训

## 一 实训目的

在掌握企业会计核算方法和技能的前提下，了解会计信息化的基本原理，熟悉会计核算软件的应用，重点练习系统初始化和账务处理程序，以便进一步从信息化会计与手工会计的比较中，更好地体会会计数据处理和程序处理等方面所发生的深刻变化。

## 二 实训资料

### （一）单位概况

单位名称：光华机床有限责任公司

启用会计期：2023年12月

会计期间界定方式：自然月份

本币代码：RMB

本币名称：人民币

企业类型：工业

存货、客户、供应商不分类，无外币核算

### （二）基础设置

1.编码方案设置

科目编码级次：4-2-2-2-2-2

部门编码级次：2

其余编码级次用默认值

2.数据精度设置

存货数量小数位：2

存货单价小数位：2

开票单价小数位：2

件数小数位：2

换算率小数位：2

税率小数位：2

3.系统启用设置

| 系统名称 | 启用日期 |
|---|---|
| 总账 | 2023年12月1日 |
| 固定资产 | 2023年12月1日 |
| 薪资管理 | 2023年12月1日 |

## （三）操作员及其权限

| 编号 | 姓名 | 权限 |
|---|---|---|
| 001 | 高　林 | 查询、审核凭证 |
| 002 | 于　波 | 账套主管 |
| 003 | 陈晓艺 | 出纳相关的操作 |
| 004 | 金　迪 | 凭证的相关操作 |
| 005 | 高国有 | 固定资产、工资系统操作 |
| 006 | 张昌江 | 材料、成本 |

## （四）总账系统初始化

1.部门档案

| 部门编码 | 部门名称 |
|---|---|
| 01 | 厂办 |
| 02 | 财务科 |
| 03 | 行政科 |
| 04 | 销售科 |
| 05 | 供应科 |
| 06 | 技术科 |
| 07 | 设备科 |
| 08 | 仓库 |
| 09 | 铸造分厂 |
| 10 | 机加工分厂 |
| 11 | 装配分厂 |
| 12 | 机修分厂 |
| 13 | 配电分厂 |

2.职员档案

| 部门名称 | 人员编号 | 人员姓名 | 性别 | 人员类别 |
|---|---|---|---|---|
| 厂办 | 0001 | 王兴海 | 男 | 厂部管理 |
| 厂办 | 0002 | 王宏伟 | 男 | 厂部管理 |
| 厂办 | 0003 | 李大海 | 男 | 厂部管理 |
| 厂办 | 0004 | 李立峰 | 男 | 厂部管理 |
| 财务科 | 0005 | 高林 | 女 | 厂部管理 |
| 财务科 | 0006 | 于波 | 男 | 厂部管理 |
| 财务科 | 0007 | 陈晓艺 | 女 | 厂部管理 |
| 财务科 | 0008 | 金迪 | 女 | 厂部管理 |
| 财务科 | 0009 | 张昌江 | 男 | 厂部管理 |
| 财务科 | 0010 | 高国有 | 男 | 厂部管理 |
| 行政科 | 0011 | 尚文 | 男 | 厂部管理 |
| 供应科 | 0012 | 赵宏 | 男 | 厂部管理 |
| 销售科 | 0013 | 王强 | 男 | 厂部管理 |
| 技术科 | 0014 | 张涛 | 男 | 厂部管理 |

续表

| 部门名称 | 人员编号 | 人员姓名 | 性别 | 人员类别 |
|---|---|---|---|---|
| 设备科 | 0015 | 宋华文 | 男 | 厂部管理 |
| 仓库 | 0016 | 张涛江 | 男 | 厂部管理 |
| 仓库 | 0017 | 宋波 | 女 | 厂部管理 |
| 仓库 | 0018 | 高军辉 | 男 | 厂部管理 |
| 仓库 | 0019 | 王平 | 男 | 厂部管理 |
| 铸造分厂 | 0020 | 王小刚 | 男 | 铸造生产（车床） |
| 铸造分厂 | 0021 | 王洪 | 女 | 铸造生产（车床） |
| 铸造分厂 | 0022 | 刘伟 | 男 | 铸造生产（车床） |
| 铸造分厂 | 0023 | 李新 | 男 | 铸造生产（车床） |
| 铸造分厂 | 0024 | 赵亮 | 男 | 铸造生产（车床） |
| 铸造分厂 | 0025 | 赵钢 | 男 | 铸造生产（铣床） |
| 铸造分厂 | 0026 | 高华强 | 男 | 铸造生产（铣床） |
| 铸造分厂 | 0027 | 李刚 | 男 | 铸造分厂管理 |
| 机加工分厂 | 0028 | 王波 | 男 | 机加工生产（车床） |
| 机加工分厂 | 0029 | 李立凤 | 男 | 机加工生产（车床） |
| 机加工分厂 | 0030 | 杨钊旭 | 女 | 机加工生产（车床） |
| 机加工分厂 | 0031 | 王刚 | 男 | 机加工生产（车床） |
| 机加工分厂 | 0032 | 刘方运 | 男 | 机加工生产（车床） |
| 机加工分厂 | 0033 | 王力 | 女 | 机加工生产（铣床） |
| 机加工分厂 | 0034 | 姜文 | 男 | 机加工生产（铣床） |
| 机加工分厂 | 0035 | 魏刚 | 男 | 机加工分厂管理 |
| 装配分厂 | 0036 | 梁青 | 女 | 装配生产（车床） |
| 装配分厂 | 0037 | 贾力 | 男 | 装配生产（车床） |
| 装配分厂 | 0038 | 赵军 | 男 | 装配生产（车床） |
| 装配分厂 | 0039 | 赵岩 | 女 | 装配生产（铣床） |
| 装配分厂 | 0040 | 李娜 | 女 | 装配生产（铣床） |
| 装配分厂 | 0041 | 陈卫 | 男 | 装配生产（铣床） |
| 装配分厂 | 0042 | 周浩 | 男 | 装配分厂管理 |
| 机修分厂 | 0043 | 王文丽 | 女 | 机修分厂 |
| 机修分厂 | 0044 | 宋林广 | 男 | 机修分厂 |
| 配电分厂 | 0045 | 张春风 | 女 | 配电分厂 |

3.客户档案

| 客户编码 | 客户名称 | 客户简称 |
|---|---|---|
| 001 | 南方机电公司 | 南方机电 |
| 002 | 滨江市机床经销公司 | 市机床公司 |
| 003 | 沈阳市机电公司 | 沈阳机电 |
| 004 | 长春市机电公司 | 长春机电 |
| 005 | 大连重型机械厂 | 大连重机 |
| 006 | 长春汽车配件有限公司 | 长春汽配 |

4.供应商档案

| 供应商编码 | 供应商名称 | 供应商简称 |
| --- | --- | --- |
| 001 | 鞍山钢铁公司一分厂 | 鞍钢一分厂 |
| 002 | 前江轴承厂 | 前江轴承 |
| 003 | 开原轴承厂 | 开原轴承 |
| 004 | 宏达轴承厂 | 宏达轴承 |
| 005 | 上海钢厂 | 上海钢厂 |
| 006 | 顺达集团公司 | 顺达集团 |

5.项目辅助核算设置

项目大类名称：成本中心

核算科目：5001010101普通车床

5001010102刻模铣床

5001010201普通车床

5001010202刻模铣床

5001010301普通车床

5001010302刻模铣床

项目分类定义：

分类编码：1

分类名称：成本项目

项目目录：

| 项目编号 | 项目名称 | 所属分类码 |
| --- | --- | --- |
| 11 | 直接材料 | 1 |
| 12 | 直接人工 | 1 |
| 13 | 制造费用 | 1 |

6.结算方式设置

| 结算方式编码 | 结算方式名称 |
| --- | --- |
| 1 | 现金 |
| 2 | 现金支票 |
| 3 | 转账支票 |
| 4 | 电汇 |
| 5 | 商业汇票 |
| 6 | 银行汇票 |
| 7 | 其他 |

7.凭证类别设置

类别字：记

类别名称：记账凭证

限制类型：无限制

限制科目：无

8.会计科目设置

| 科目代码 | 科目名称 | 余额方向 | 辅助核算说明 |
|---|---|---|---|
| 1001 | 库存现金 | 借 | 日记账 |
| 1002 | 银行存款 | 借 | 日记账　银行账 |
| 1012 | 其他货币资金 | 借 | |
| 101201 | 外埠存款 | 借 | |
| 101202 | 银行汇票 | 借 | |
| 101203 | 存出投资款 | 借 | |
| 1101 | 交易性金融资产 | 借 | |
| 110101 | 成本 | 借 | |
| 110102 | 公允价值变动 | 借 | |
| 1121 | 应收票据 | 借 | |
| 1122 | 应收账款 | 借 | 客户往来辅助核算 |
| 1123 | 预付账款 | 借 | 供应商往来辅助核算 |
| 1131 | 应收股利 | 借 | |
| 1132 | 应收利息 | 借 | |
| 1221 | 其他应收款 | 借 | |
| 122101 | 备用金 | 借 | 部门辅助核算 |
| 122102 | 应收职工款项 | 借 | 个人往来辅助核算 |
| 1231 | 坏账准备 | 贷 | |
| 1401 | 材料采购 | 借 | |
| 140101 | 原料及主要材料 | 借 | |
| 140102 | 辅助材料 | 借 | |
| 140103 | 外购半成品 | 借 | |
| 140104 | 燃料 | 借 | |
| 140105 | 周转材料 | 借 | |
| 1403 | 原材料 | 借 | |
| 140301 | 原料及主要材料 | 借 | |
| 14030101 | 生铁 | 借 | 数量核算　计量单位：吨 |
| 14030102 | 圆钢 | 借 | 数量核算　计量单位：吨 |
| 140302 | 辅助材料 | 借 | |
| 14030201 | 油漆 | 借 | 数量核算　计量单位：千克 |
| 14030202 | 润滑油 | 借 | 数量核算　计量单位：千克 |
| 140303 | 外购半成品 | 借 | |
| 14030301 | 电机Y123M | 借 | 数量核算　计量单位：台 |
| 14030302 | 电机AOB25 | 借 | 数量核算　计量单位：台 |
| 14030303 | 轴承D318 | 借 | 数量核算　计量单位：套 |
| 14030304 | 轴承D462 | 借 | 数量核算　计量单位：套 |
| 14030305 | 标准件 | 借 | 数量核算　计量单位：个 |
| 140304 | 燃料 | 借 | |
| 14030401 | 焦炭 | 借 | 数量核算　计量单位：吨 |
| 14030402 | 煤 | 借 | 数量核算　计量单位：吨 |
| 1404 | 材料成本差异 | 借 | |

续表

| 科目代码 | 科目名称 | 余额方向 | 辅助核算说明 |
|---|---|---|---|
| 140401 | 原料及主要材料 | 借 | |
| 140402 | 辅助材料 | 借 | |
| 140403 | 外购半成品 | 借 | |
| 140404 | 燃料 | 借 | |
| 140405 | 周转材料 | 借 | |
| 1405 | 库存商品 | 借 | |
| 140501 | 普通车床 | 借 | 数量核算 计量单位：台 |
| 140502 | 刻模铣床 | 借 | 数量核算 计量单位：台 |
| 1411 | 周转材料 | 借 | |
| 141101 | 包装物 | 借 | |
| 14110101 | 包装箱 | 借 | 数量核算 计量单位：个 |
| 141102 | 低值易耗品 | 借 | |
| 14110201 | 工作服 | 借 | 数量核算 计量单位：套 |
| 14110202 | 劳保鞋 | 借 | 数量核算 计量单位：双 |
| 14110203 | 耐热手套 | 借 | 数量核算 计量单位：副 |
| 14110204 | 勾扳手 | 借 | 数量核算 计量单位：个 |
| 14110205 | 法兰盘 | 借 | 数量核算 计量单位：个 |
| 14110206 | 螺钉 | 借 | 数量核算 计量单位：盒 |
| 14110207 | 专用工具 | 借 | 数量核算 计量单位：把 |
| 1471 | 存货跌价准备 | 贷 | |
| 1501 | 债权投资 | 借 | |
| 150101 | 成本 | 借 | |
| 150102 | 利息调整 | 借 | |
| 1511 | 长期股权投资 | 借 | |
| 151101 | 滨江市机床附件厂 | 借 | |
| 1601 | 固定资产 | 借 | |
| 160101 | 房屋及建筑物 | 借 | |
| 160102 | 机器设备 | 借 | |
| 160103 | 运输设备 | 借 | |
| 160104 | 电子设备及其他 | 借 | |
| 1602 | 累计折旧 | 贷 | |
| 160201 | 房屋及建筑物 | 贷 | |
| 160202 | 机器设备 | 贷 | |
| 160203 | 运输设备 | 贷 | |
| 160204 | 电子设备及其他 | 贷 | |
| 1603 | 固定资产减值准备 | 贷 | |
| 1604 | 在建工程 | 借 | |
| 160401 | 设备安装工程 | 借 | |
| 160402 | 锅炉建造工程 | 借 | |
| 1606 | 固定资产清理 | 借 | |

续表

| 科目代码 | 科目名称 | 余额方向 | 辅助核算说明 |
| --- | --- | --- | --- |
| 1701 | 无形资产 | 借 | |
| 170101 | 专有技术 | 借 | |
| 170102 | 专利权 | 借 | |
| 170103 | 土地使用权 | 借 | |
| 1702 | 累计摊销 | 贷 | |
| 170201 | 专有技术 | 贷 | |
| 170202 | 专利权 | 贷 | |
| 170203 | 土地使用权 | 贷 | |
| 1703 | 无形资产减值准备 | 贷 | |
| 1811 | 递延所得税资产 | 借 | |
| 1901 | 待处理财产损溢 | 借 | |
| 190101 | 待处理流动资产损溢 | 借 | |
| 190102 | 待处理固定资产损溢 | 借 | |
| 2001 | 短期借款 | 贷 | |
| 2201 | 应付票据 | 贷 | |
| 2202 | 应付账款 | 贷 | 供应商往来辅助核算 |
| 2203 | 合同负债 | 贷 | 客户往来辅助核算 |
| 2211 | 应付职工薪酬 | 贷 | |
| 221101 | 工资 | 贷 | |
| 221102 | 职工福利 | 贷 | |
| 221103 | 社会保险费 | 贷 | |
| 221104 | 设定提存计划 | 贷 | |
| 221105 | 住房公积金 | 贷 | |
| 2221 | 应交税费 | 贷 | |
| 222101 | 应交企业所得税 | 贷 | |
| 222102 | 应交增值税 | 贷 | |
| 22210201 | 进项税额 | 贷 | |
| 22210202 | 销项税额 | 贷 | |
| 22210204 | 进项税额转出 | 贷 | |
| 22210205 | 转出未交增值税 | 贷 | |
| 222103 | 未交增值税 | 贷 | |
| 222104 | 待转销项税额 | 贷 | |
| 222105 | 应交城市维护建设税 | 贷 | |
| 222106 | 应交教育费附加 | 贷 | |
| 222107 | 应交地方教育附加 | 贷 | |
| 222108 | 应交城镇土地使用税 | 贷 | |
| 222109 | 应交房产税 | 贷 | |
| 222110 | 应交个人所得税 | 贷 | |
| 2231 | 应付利息 | 贷 | |
| 2232 | 应付股利 | 贷 | |

续表

| 科目代码 | 科目名称 | 余额方向 | 辅助核算说明 |
| --- | --- | --- | --- |
| 2241 | 其他应付款 | 贷 | |
| 224101 | 应付职工款项 | 贷 | 个人往来辅助核算 |
| 224102 | 包装物押金 | 贷 | |
| 224103 | 医疗保险 | 贷 | |
| 224104 | 失业保险 | 贷 | |
| 224105 | 养老保险 | 贷 | |
| 224106 | 住房公积金 | 贷 | |
| 2501 | 长期借款 | 贷 | |
| 2502 | 应付债券 | 贷 | |
| 250201 | 面值 | 贷 | |
| 250202 | 利息调整 | 贷 | |
| 250203 | 应计利息 | 贷 | |
| 2701 | 长期应付款 | 贷 | |
| 2801 | 预计负债 | 贷 | |
| 280101 | 产品质量保证 | 贷 | |
| 280102 | 未决诉讼 | 贷 | |
| 4001 | 实收资本 | 贷 | |
| 4002 | 资本公积 | 贷 | |
| 400201 | 资本溢价 | 贷 | |
| 4101 | 盈余公积 | 贷 | |
| 410101 | 法定盈余公积 | 贷 | |
| 4103 | 本年利润 | 贷 | |
| 4104 | 利润分配 | 贷 | |
| 410401 | 未分配利润 | 贷 | |
| 410402 | 提取法定盈余公积 | 贷 | |
| 410403 | 应付利润 | 贷 | |
| 5001 | 生产成本 | 借 | |
| 500101 | 基本生产成本 | 借 | |
| 50010101 | 铸造分厂 | 借 | |
| 5001010101 | 普通车床 | 借 | 项目辅助核算 |
| 5001010102 | 刻模铣床 | 借 | 项目辅助核算 |
| 50010102 | 机加工分厂 | 借 | |
| 5001010201 | 普通车床 | 借 | 项目辅助核算 |
| 5001010202 | 刻模铣床 | 借 | 项目辅助核算 |
| 50010103 | 装配分厂 | 借 | |
| 5001010301 | 普通车床 | 借 | 项目辅助核算 |
| 5001010302 | 刻模铣床 | 借 | 项目辅助核算 |
| 500102 | 辅助生产成本 | 借 | |
| 50010201 | 机修分厂 | 借 | |
| 50010202 | 配电分厂 | 借 | |

续表

| 科目代码 | 科目名称 | 余额方向 | 辅助核算说明 |
|---|---|---|---|
| 5101 | 制造费用 | 借 | |
| 510101 | 铸造分厂 | 借 | |
| 510102 | 机加工分厂 | 借 | |
| 510103 | 装配分厂 | 借 | |
| 6001 | 主营业务收入 | 贷 | |
| 600101 | 普通车床 | 贷 | |
| 600102 | 刻模铣床 | 贷 | |
| 6051 | 其他业务收入 | 贷 | |
| 605101 | 租金收入 | 贷 | |
| 605102 | 材料收入 | 贷 | |
| 6101 | 公允价值变动损益 | 贷 | |
| 6111 | 投资收益 | 贷 | |
| 6115 | 资产处置损益 | 贷 | |
| 6301 | 营业外收入 | 贷 | |
| 630101 | 罚没收入 | 贷 | |
| 630102 | 债务重组收入 | 贷 | |
| 6401 | 主营业务成本 | 借 | |
| 640101 | 普通车床 | 借 | |
| 640102 | 刻模铣床 | 借 | |
| 6402 | 其他业务成本 | 借 | |
| 640201 | 出租固定资产 | 借 | |
| 640202 | 销售材料 | 借 | |
| 6403 | 税金及附加 | 借 | |
| 640301 | 城市维护建设税 | 借 | |
| 640302 | 教育费附加 | 借 | |
| 640303 | 地方教育附加 | 借 | |
| 640304 | 城镇土地使用税 | 借 | |
| 640305 | 房产税 | 借 | |
| 6601 | 销售费用 | 借 | |
| 660101 | 广告费 | 借 | |
| 660102 | 产品质量保证 | 借 | |
| 660103 | 装卸费 | 借 | |
| 6602 | 管理费用 | 借 | |
| 660201 | 职工薪酬 | 借 | |
| 660202 | 办公费 | 借 | |
| 660203 | 差旅费 | 借 | |
| 660204 | 折旧费 | 借 | |
| 660205 | 业务招待费 | 借 | |
| 660206 | 无形资产摊销 | 借 | |

续表

| 科目代码 | 科目名称 | 余额方向 | 辅助核算说明 |
|---|---|---|---|
| 660207 | 保险费 | 借 | |
| 660299 | 其他费用 | 借 | |
| 6603 | 财务费用 | 借 | |
| 660301 | 利息费用 | 借 | |
| 660302 | 金融机构手续费 | 借 | |
| 6701 | 资产减值损失 | 借 | |
| 670101 | 存货跌价准备 | 借 | |
| 670102 | 固定资产减值损失 | 借 | |
| 670103 | 无形资产减值损失 | 借 | |
| 6702 | 信用减值损失 | 借 | |
| 6711 | 营业外支出 | 借 | |
| 671101 | 债务重组损失 | 借 | |
| 671102 | 处置非流动资产损失 | 借 | |
| 671103 | 罚款支出 | 借 | |
| 671104 | 盘亏损失 | 借 | |
| 671105 | 公益捐赠 | 借 | |
| 6801 | 所得税费用 | 借 | |

9.期初余额设置

| 科目代码 | 科目名称 | 余额方向 | 金额（元） |
|---|---|---|---|
| 1001 | 库存现金 | 借 | 20 000 |
| 1002 | 银行存款 | 借 | 1 616 500 |
| 1012 | 其他货币资金 | 借 | 324 000 |
| 101201 | 外埠存款 | 借 | 23 000 |
| 101202 | 银行汇票 | 借 | 44 000 |
| 101203 | 存出投资款 | 借 | 257 000 |
| 1101 | 交易性金融资产 | 借 | 76 500 |
| 110101 | 成本 | 借 | 76 500 |
| 110102 | 公允价值变动 | 借 | |
| 1121 | 应收票据 | 借 | 79 200 |
| 1122 | 应收账款 | 借 | 800 000 |
| 1123 | 预付账款 | 借 | 265 500 |
| 1131 | 应收股利 | 借 | 136 000 |
| 1132 | 应收利息 | 借 | 50 000 |
| 1221 | 其他应收款 | 借 | 12 900 |
| 122101 | 备用金 | 借 | 1 400 |
| 122102 | 应收职工款项 | 借 | 11 500 |
| 1231 | 坏账准备 | 贷 | 40 000 |
| 1401 | 材料采购 | 借 | 110 000 |
| 140101 | 原料及主要材料 | 借 | |
| 140102 | 辅助材料 | 借 | |
| 140103 | 外购半成品 | 借 | 110 000 |
| 140104 | 燃料 | 借 | |

续表

| 科目代码 | 科目名称 | 余额方向 | 金额（元） |
|---|---|---|---|
| 140105 | 周转材料 | 借 | |
| 1403 | 原材料 | 借 | 1 932 982 |
| 140301 | 原料及主要材料 | 借 | 470 000 |
| 14030101 | 生铁 | 借 | 230 000 |
| 14030102 | 圆钢 | 借 | 240 000 |
| 140302 | 辅助材料 | 借 | 12 482 |
| 14030201 | 油漆 | 借 | 11 000 |
| 14030202 | 润滑油 | 借 | 1 482 |
| 140303 | 外购半成品 | 借 | 1 432 800 |
| 14030301 | 电机Y123M | 借 | 259 200 |
| 14030302 | 电机AOB25 | 借 | 130 000 |
| 14030303 | 轴承D318 | 借 | 630 000 |
| 14030304 | 轴承D462 | 借 | 372 600 |
| 14030305 | 标准件 | 借 | 41 000 |
| 140304 | 燃料 | 借 | 17 700 |
| 14030401 | 焦炭 | 借 | 14 100 |
| 14030402 | 煤 | 借 | 3 600 |
| 1404 | 材料成本差异 | 借 | 67 494 |
| 140401 | 原料及主要材料 | 借 | 18 000 |
| 140402 | 辅助材料 | 借 | -118 |
| 140403 | 外购半成品 | 借 | 42 984 |
| 140404 | 燃料 | 借 | 1 348 |
| 140405 | 周转材料 | 借 | 5 280 |
| 1405 | 库存商品 | 借 | 1 416 000 |
| 140501 | 普通车床 | 借 | 960 000 |
| 140502 | 刻模铣床 | 借 | 456 000 |
| 1411 | 周转材料 | 借 | 185 593 |
| 141101 | 包装物 | 借 | 1 200 |
| 14110101 | 包装箱 | 借 | 1 200 |
| 141102 | 低值易耗品 | 借 | 184 393 |
| 14110201 | 工作服 | 借 | 718 |
| 14110202 | 劳保鞋 | 借 | 1 500 |
| 14110203 | 耐热手套 | 借 | 135 |
| 14110204 | 勾扳手 | 借 | 240 |
| 14110205 | 法兰盘 | 借 | 1 350 |
| 14110206 | 螺钉 | 借 | 450 |
| 14110207 | 专用工具 | 借 | 180 000 |
| 1471 | 存货跌价准备 | 贷 | 38 000 |
| 1501 | 债权投资 | 借 | 230 000 |
| 150101 | 成本 | 借 | 230 000 |
| 150102 | 利息调整 | 借 | |
| 1511 | 长期股权投资 | 借 | 265 200 |
| 151101 | 滨江市机床附件厂 | 借 | 265 200 |
| 1601 | 固定资产 | 借 | 12 500 000 |
| 160101 | 房屋及建筑物 | 借 | 5 646 500 |

续表

| 科目代码 | 科目名称 | 余额方向 | 金额（元） |
| --- | --- | --- | --- |
| 160102 | 机器设备 | 借 | 4 429 000 |
| 160103 | 运输设备 | 借 | 474 500 |
| 160104 | 电子设备及其他 | 借 | 1 950 000 |
| 1602 | 累计折旧 | 贷 | 2 944 608.39 |
| 160201 | 房屋及建筑物 | 贷 | 736 376 |
| 160202 | 机器设备 | 贷 | 709 839 |
| 160203 | 运输设备 | 贷 | 276 643.39 |
| 160204 | 电子设备及其他 | 贷 | 1 221 750 |
| 1603 | 固定资产减值准备 | 贷 | 323 391.61 |
| 1604 | 在建工程 | 借 | 67 000 |
| 160401 | 设备安装工程 | 借 | |
| 160402 | 锅炉建造工程 | 借 | 67 000 |
| 1606 | 固定资产清理 | 借 | 12 500 |
| 1701 | 无形资产 | 借 | 49 200 |
| 170101 | 专有技术 | 借 | 15 000 |
| 170102 | 专利权 | 借 | 14 200 |
| 170103 | 土地使用权 | 借 | 20 000 |
| 1702 | 累计摊销 | 贷 | 6 000 |
| 170201 | 专有技术 | 贷 | |
| 170202 | 专利权 | 贷 | 1 500 |
| 170203 | 土地使用权 | 贷 | 4 500 |
| 1703 | 无形资产减值准备 | 贷 | 4 200 |
| 1811 | 递延所得税资产 | 借 | 210 000 |
| 1901 | 待处理财产损溢 | 借 | |
| 190101 | 待处理流动资产损溢 | 借 | |
| 190102 | 待处理固定资产损溢 | 借 | |
| 2001 | 短期借款 | 贷 | 1 275 603 |
| 2201 | 应付票据 | 贷 | 40 000 |
| 2202 | 应付账款 | 贷 | 963 700 |
| 2203 | 合同负债 | 贷 | 126 900 |
| 2211 | 应付职工薪酬 | 贷 | 215 000 |
| 221101 | 工资 | 贷 | 215 000 |
| 221102 | 职工福利 | 贷 | |
| 221103 | 社会保险费 | 贷 | |
| 221104 | 设定提存计划 | 贷 | |
| 221105 | 住房公积金 | 贷 | |
| 2221 | 应交税费 | 贷 | 38 197 |
| 222101 | 应交企业所得税 | 贷 | -153 000 |
| 222102 | 应交增值税 | 贷 | |
| 22210201 | 进项税额 | 贷 | |
| 22210202 | 销项税额 | 贷 | |
| 22210204 | 进项税额转出 | 贷 | |
| 22210205 | 转出未交增值税 | 贷 | |
| 222103 | 未交增值税 | 贷 | 121 160.72 |
| 222104 | 待转销项税额 | 贷 | 16 497 |

续表

| 科目代码 | 科目名称 | 余额方向 | 金额（元） |
| --- | --- | --- | --- |
| 222105 | 应交城市维护建设税 | 贷 | 8 481.25 |
| 222106 | 应交教育费附加 | 贷 | 3 634.82 |
| 222107 | 应交地方教育附加 | 贷 | 2 423.21 |
| 222108 | 应交城镇土地使用税 | 贷 | 14 400 |
| 222109 | 应交房产税 | 贷 | 22 065 |
| 222110 | 应交个人所得税 | 贷 | 2 535 |
| 2231 | 应付利息 | 贷 | |
| 2232 | 应付股利 | 贷 | 104 200 |
| 2241 | 其他应付款 | 贷 | 78 000 |
| 224101 | 应付职工款项 | 贷 | 3 000 |
| 224102 | 包装物押金 | 贷 | 75 000 |
| 224103 | 医疗保险 | 贷 | |
| 224104 | 失业保险 | 贷 | |
| 224105 | 养老保险 | 贷 | |
| 224106 | 住房公积金 | 贷 | |
| 2501 | 长期借款 | 贷 | 1 464 800 |
| 2502 | 应付债券 | 贷 | 441 000 |
| 250201 | 面值 | 贷 | 400 000 |
| 250202 | 利息调整 | 贷 | 41 000 |
| 250203 | 应计利息 | 贷 | |
| 2701 | 长期应付款 | 贷 | 204 500 |
| 2801 | 预计负债 | 贷 | 198 000 |
| 280101 | 产品质量保证 | 贷 | 198 000 |
| 280102 | 未决诉讼 | 贷 | |
| 4001 | 实收资本 | 贷 | 9 200 000 |
| 4002 | 资本公积 | 贷 | 658 300 |
| 400201 | 资本溢价 | 贷 | 658 300 |
| 4101 | 盈余公积 | 贷 | 1 010 929 |
| 410101 | 法定盈余公积 | 贷 | 1 010 929 |
| 4103 | 本年利润 | 贷 | 1 138 500 |
| 4104 | 利润分配 | 贷 | 237 500 |
| 410401 | 未分配利润 | 贷 | 237 500 |
| 410402 | 提取法定盈余公积 | 贷 | |
| 410403 | 应付利润 | 贷 | |
| 5001 | 生产成本 | 借 | 324 760 |
| 500101 | 基本生产成本 | 借 | 324 760 |
| 50010101 | 铸造分厂 | 借 | 103 960 |
| 5001010101 | 普通车床 | 借 | 78 000 |
| 5001010102 | 刻模铣床 | 借 | 25 960 |
| 50010102 | 机加工分厂 | 借 | 95 800 |
| 5001010201 | 普通车床 | 借 | 62 400 |
| 5001010202 | 刻模铣床 | 借 | 33 400 |
| 50010103 | 装配分厂 | 借 | 125 000 |
| 5001010301 | 普通车床 | 借 | 84 650 |
| 5001010302 | 刻模铣床 | 借 | 40 350 |

10.损益类账户2023年1—11月累计发生额

单位：元

| 科目代码 | 科目名称 | 累计发生额 |
|---|---|---|
| 6001 | 主营业务收入 | 12 800 000.00 |
| 600101 | 普通车床 | 9 801 319.00 |
| 600102 | 刻模铣床 | 2 998 681.00 |
| 6051 | 其他业务收入 | 300 000.00 |
| 605101 | 租金收入 | 280 000.00 |
| 605102 | 材料收入 | 20 000.00 |
| 6111 | 投资收益 | 639 345.00 |
| 6301 | 营业外收入 | 165 000.00 |
| 630101 | 罚没收入 | 200.00 |
| 630102 | 债务重组收入 | 164 800.00 |
| 6401 | 主营业务成本 | 5 835 700.00 |
| 640101 | 普通车床 | 4 336 360.00 |
| 640102 | 刻模铣床 | 1 499 340.00 |
| 6403 | 税金及附加 | 163 820.00 |
| 640301 | 城市维护建设税 | 33 085.03 |
| 640302 | 教育费附加 | 14 179.31 |
| 640303 | 地方教育附加 | 9 452.86 |
| 640304 | 城镇土地使用税 | 42 294.81 |
| 640305 | 房产税 | 64 807.99 |
| 6402 | 其他业务成本 | 31 500.00 |
| 640201 | 出租固定资产 | 31 000.00 |
| 640202 | 销售材料 | 500.00 |
| 6601 | 销售费用 | 280 000.00 |
| 660101 | 广告费 | 80 000.00 |
| 660102 | 产品质量保证 | 134 356.00 |
| 660103 | 装卸费 | 65 644.00 |
| 6602 | 管理费用 | 5 383 900.00 |
| 660201 | 职工薪酬 | 2 000 064.00 |
| 660202 | 办公费 | 263 856.00 |
| 660203 | 差旅费 | 326 452.00 |
| 660204 | 折旧费 | 1 477 460.00 |
| 660205 | 业务招待费 | 50 000.00 |
| 660206 | 无形资产摊销 | 49 669.00 |
| 660207 | 保险费 | 300 000.00 |
| 660208 | 其他费用 | 916 399.00 |
| 6603 | 财务费用 | 211 600.00 |
| 660301 | 利息费用 | 210 915.00 |
| 660302 | 金融机构手续费 | 685.00 |
| 6711 | 营业外支出 | 479 825.00 |
| 671101 | 债务重组损失 | 1 000.00 |
| 671102 | 处置非流动资产损失 | 435 825.00 |
| 671103 | 罚款支出 | 20 000.00 |
| 671104 | 盘亏损失 | 3 000.00 |
| 670105 | 公益捐赠 | 20 000.00 |
| 6801 | 所得税费用 | 379 500.00 |

11.客户往来期初余额

科目：应收账款　　　　单位：元

| 日期 | 客户名称 | 摘要 | 余额方向 | 金额 |
|---|---|---|---|---|
| 2023-11-20 | 南方机电公司 | 销售商品，尚未收到货款 | 借 | 520 000 |
| 2023-11-22 | 滨江市机床经销公司 | 销售商品，尚未收到货款 | 借 | 160 000 |
| 2023-11-22 | 大连重型机械厂 | 销售商品，尚未收到货款 | 借 | 120 000 |

科目：合同负债　　　　单位：元

| 日期 | 客户名称 | 摘要 | 余额方向 | 金额 |
|---|---|---|---|---|
| 2023-11-25 | 沈阳市机电公司 | 预收商品款 | 贷 | 126 900 |

12.供应商往来期初余额

科目：预付账款　　　　单位：元

| 日期 | 供应商名称 | 摘要 | 余额方向 | 金额 |
|---|---|---|---|---|
| 2023-11-21 | 鞍山钢铁公司一分厂 | 预付商品款 | 借 | 150 000 |
| 2023-11-23 | 前江轴承厂 | 预付商品款 | 借 | 115 500 |

科目：应付账款　　　　单位：元

| 日期 | 供应商名称 | 摘要 | 余额方向 | 金额 |
|---|---|---|---|---|
| 2023-11-27 | 开原轴承厂 | 购入材料，尚未付款 | 贷 | 128 700 |
| 2023-11-28 | 宏达轴承厂 | 购入材料，尚未付款 | 贷 | 549 000 |
| 2023-11-30 | 上海钢厂 | 购入材料，尚未付款 | 贷 | 286 000 |

13.个人往来期初余额

科目：其他应付款——应付职工款项　　　　单位：元

| 日期 | 职工名称 | 摘要 | 余额方向 | 金额 |
|---|---|---|---|---|
| 2023-11-28 | 张涛 | 外出学习，未领工资 | 贷 | 3 000 |

科目：其他应收款——应收职工款项　　　　单位：元

| 日期 | 职工名称 | 摘要 | 余额方向 | 金额 |
|---|---|---|---|---|
| 2023-11-25 | 赵宏 | 出差借款 | 借 | 1 700 |
| 2023-11-28 | 李立峰 | 出差借款 | 借 | 9 800 |

14.部门往来期初余额

科目：其他应收款——备用金　　　　单位：元

| 日期 | 部门名称 | 摘要 | 余额方向 | 金额 |
|---|---|---|---|---|
| 2023-11-25 | 行政科 | 备用金 | 借 | 1 400 |

15.成本中心项目辅助核算期初余额

单位：元

| 分厂 | 科目名称 \ 项目名称 | 直接材料 | 直接人工 | 制造费用 | 合计 |
|---|---|---|---|---|---|
| 铸造分厂 | 普通车床 | 54 600 | 18 240 | 5 160 | 78 000 |
| | 刻模铣床 | 12 900 | 10 830 | 2 230 | 25 960 |
| | 合计 | 67 500 | 29 070 | 7 390 | 103 960 |
| 机加工分厂 | 普通车床 | 43 680 | 12 540 | 6 180 | 62 400 |
| | 刻模铣床 | 20 040 | 9 690 | 3 670 | 33 400 |
| | 合计 | 63 720 | 22 230 | 9 850 | 95 800 |
| 装配分厂 | 普通车床 | 59 255 | 11 970 | 13 425 | 84 650 |
| | 刻模铣床 | 24 210 | 8 709 | 7 431 | 40 350 |
| | 合计 | 83 465 | 20 679 | 20 856 | 125 000 |

16.数量核算期初余额

账户：原材料

金额单位：元

| 明细账户 | 计量单位 | 结存数量 | 计划单价 | 结存金额 |
|---|---|---|---|---|
| 原料及主要材料 | | | | 470 000 |
| 生铁 | 吨 | 100 | 2 300 | 230 000 |
| 圆钢 | 吨 | 80 | 3 000 | 240 000 |
| 燃料 | | | | 17 700 |
| 焦炭 | 吨 | 30 | 470 | 14 100 |
| 煤 | 吨 | 20 | 180 | 3 600 |
| 外购半成品 | | | | 1 432 800 |
| 电机 Y123M | 台 | 180 | 1 440 | 259 200 |
| 电机 AOB25 | 台 | 500 | 260 | 130 000 |
| 轴承 D318 | 套 | 1 800 | 350 | 630 000 |
| 轴承 D462 | 套 | 2 700 | 138 | 372 600 |
| 标准件 | 个 | 2 000 | 20.5 | 41 000 |
| 辅助材料 | | | | 12 482 |
| 油漆 | 千克 | 1 100 | 10 | 11 000 |
| 润滑油 | 千克 | 380 | 3.9 | 1 482 |

账户：周转材料　　　　金额单位：元

| 明细账户及材料名称 | 计量单位 | 结存数量 | 计划单价 | 结存金额 |
|---|---|---|---|---|
| 包装物 | | | | 1 200 |
| 包装箱 | 个 | 3 | 400.00 | 1 200 |
| 低值易耗品 | | | | 184 393 |
| 工作服 | 套 | 20 | 35.90 | 718 |
| 劳保鞋 | 双 | 50 | 30.00 | 1 500 |
| 耐热手套 | 副 | 30 | 4.50 | 135 |
| 勾扳手 | 个 | 50 | 4.80 | 240 |
| 法兰盘 | 个 | 100 | 13.50 | 1 350 |
| 螺钉 | 盒 | 30 | 15.00 | 450 |
| 专用工具 | 把 | 4 000 | 45.00 | 180 000 |

账户：库存商品　　　　金额单位：元

| 明细账户 | 型号 | 结存数量（台） | 实际单位成本 | 期初余额 |
|---|---|---|---|---|
| 普通车床 | CA6140/1000 | 40 | 24 000 | 960 000 |
| 刻模铣床 | X4222 | 30 | 15 200 | 456 000 |

## （五）固定资产初始资料设置

1. 固定资产账套信息

账套启用月份：2023年12月

主要折旧方法：平均年限法（二）

折旧汇总分配周期：1个月

资产类别编码方式：2-1-1-2

固定资产编码方式：手工输入

固定资产对账科目：1601，固定资产

累计折旧对账科目：1602，累计折旧

2. 固定资产类别设置

| 类别编码 | 类别名称 | 净残值率 | 折旧方法 | 卡片样式 |
|---|---|---|---|---|
| 01 | 房屋及建筑物 | 4.0% | 平均年限法（二） | 通用样式 |
| 02 | 机器设备 | 6.4% | 平均年限法（二） | 通用样式 |
| 03 | 运输工具 | 3.5% | 平均年限法（二） | 通用样式 |
| 04 | 电子设备及其他 | 2.8% | 平均年限法（二） | 通用样式 |

3.部门对应折旧科目设置

| 部门编码 | 部门名称 | 折旧科目 |
|---|---|---|
| 01 | 厂办 | 660204 |
| 02 | 财务科 | 660204 |
| 03 | 行政科 | 660204 |
| 04 | 销售科 | 660204 |
| 05 | 供应科 | 660204 |
| 06 | 技术科 | 660204 |
| 07 | 设备科 | 660204 |
| 08 | 仓库 | 660204 |
| 09 | 铸造分厂 | 510101 |
| 10 | 机加工分厂 | 510102 |
| 11 | 装配分厂 | 510103 |
| 12 | 机修分厂 | 50010201 |
| 13 | 配电分厂 | 50010202 |

4.固定资产增加方式设置

在原来基础上增加两项：非货币性资产交换和库存商品转入。

5.固定资产卡片录入

卡片编号：00001　　　　金额单位：元

| | | | |
|---|---|---|---|
| 固定资产编号 | 0101 | 固定资产名称 | 铸造分厂厂房 |
| 类别编号 | 01 | 类别名称 | 房屋及建筑物 |
| 部门名称 | 铸造分厂 | 增加方式 | 在建工程转入 |
| 使用状况 | 在用 | 使用年限 | 20年 |
| 折旧方法 | 平均年限法（二） | 开始使用日期 | 2021-05-05 |
| 原值 | 900 000 | 累计折旧 | 108 000 |

卡片编号：00002　　　　金额单位：元

| | | | |
|---|---|---|---|
| 固定资产编号 | 0201 | 固定资产名称 | 铸造分厂生产线 |
| 类别编号 | 02 | 类别名称 | 机器设备 |
| 部门名称 | 铸造分厂 | 增加方式 | 直接购入 |
| 使用状况 | 在用 | 使用年限 | 10年 |
| 折旧方法 | 平均年限法（二） | 开始使用日期 | 2022-04-05 |
| 原值 | 435 000 | 累计折旧 | 64 467 |

卡片编号：00003 金额单位：元

| | | | |
|---|---|---|---|
| 固定资产编号 | 0202 | 固定资产名称 | 锅炉 |
| 类别编号 | 02 | 类别名称 | 机器设备 |
| 部门名称 | 铸造分厂 | 增加方式 | 直接购入 |
| 使用状况 | 在用 | 使用年限 | 10年 |
| 折旧方法 | 平均年限法（二） | 开始使用日期 | 2017-11-05 |
| 原值 | 85 000 | 累计折旧 | 47 736 |

卡片编号：00004 金额单位：元

| | | | |
|---|---|---|---|
| 固定资产编号 | 0401 | 固定资产名称 | 铸造分厂其他 |
| 类别编号 | 03 | 类别名称 | 电子设备及其他 |
| 部门名称 | 铸造分厂 | 增加方式 | 直接购入 |
| 使用状况 | 在用 | 使用年限 | 3年 |
| 折旧方法 | 平均年限法（二） | 开始使用日期 | 2021-12-09 |
| 原值 | 700 000 | 累计折旧 | 434 700 |

卡片编号：00005 金额单位：元

| | | | |
|---|---|---|---|
| 固定资产编号 | 0102 | 固定资产名称 | 机加工分厂厂房 |
| 类别编号 | 01 | 类别名称 | 房屋及建筑物 |
| 部门名称 | 机加工分厂 | 增加方式 | 在建工程转入 |
| 使用状况 | 在用 | 使用年限 | 20年 |
| 折旧方法 | 平均年限法（二） | 开始使用日期 | 2021-05-05 |
| 原值 | 1 000 000 | 累计折旧 | 120 000 |

卡片编号：00006 金额单位：元

| | | | |
|---|---|---|---|
| 固定资产编号 | 0203 | 固定资产名称 | 机加工分厂生产线 |
| 类别编号 | 02 | 类别名称 | 机器设备 |
| 部门名称 | 机加工分厂 | 增加方式 | 直接购入 |
| 使用状况 | 在用 | 使用年限 | 10年 |
| 折旧方法 | 平均年限法（二） | 开始使用日期 | 2022-04-09 |
| 原值 | 1 694 000 | 累计折旧 | 251 050.80 |

卡片编号：00007 金额单位：元

| | | | |
|---|---|---|---|
| 固定资产编号 | 0204 | 固定资产名称 | 钻床(大型) |
| 类别编号 | 02 | 类别名称 | 机器设备 |
| 部门名称 | 机加工分厂 | 增加方式 | 直接购入 |
| 使用状况 | 在用 | 使用年限 | 10年 |
| 折旧方法 | 平均年限法（二） | 开始使用日期 | 2017-07-08 |
| 原值 | 87 000 | 累计折旧 | 51 573.60 |

卡片编号：00008　　金额单位：元

| | | | |
|---|---|---|---|
| 固定资产编号 | 0205 | 固定资产名称 | 六角车床 |
| 类别编号 | 02 | 类别名称 | 机器设备 |
| 部门名称 | 机加工分厂 | 增加方式 | 直接购入 |
| 使用状况 | 在用 | 使用年限 | 10年 |
| 折旧方法 | 平均年限法（二） | 开始使用日期 | 2017-07-02 |
| 原值 | 19 000 | 累计折旧 | 11 263.20 |

卡片编号：00009　　金额单位：元

| | | | |
|---|---|---|---|
| 固定资产编号 | 0402 | 固定资产名称 | 机加工分厂其他 |
| 类别编号 | 04 | 类别名称 | 电子设备及其他 |
| 部门名称 | 机加工分厂 | 增加方式 | 直接购入 |
| 使用状况 | 在用 | 使用年限 | 3年 |
| 折旧方法 | 平均年限法（二） | 开始使用日期 | 2021-12-09 |
| 原值 | 850 000 | 累计折旧 | 527 850 |

卡片编号：00010　　金额单位：元

| | | | |
|---|---|---|---|
| 固定资产编号 | 0103 | 固定资产名称 | 装配分厂厂房 |
| 类别编号 | 01 | 类别名称 | 房屋及建筑物 |
| 部门名称 | 装配分厂 | 增加方式 | 在建工程转入 |
| 使用状况 | 在用 | 使用年限 | 20年 |
| 折旧方法 | 平均年限法（二） | 开始使用日期 | 2021-05-08 |
| 原值 | 1 950 000 | 累计折旧 | 234 000 |

卡片编号：00011　　金额单位：元

| | | | |
|---|---|---|---|
| 固定资产编号 | 0206 | 固定资产名称 | 装配分厂生产线 |
| 类别编号 | 02 | 类别名称 | 机器设备 |
| 部门名称 | 装配分厂 | 增加方式 | 直接购入 |
| 使用状况 | 经营性出租 | 使用年限 | 10年 |
| 折旧方法 | 平均年限法（二） | 开始使用日期 | 2022-04-05 |
| 原值 | 750 000 | 累计折旧 | 111 150 |

卡片编号：00012　　金额单位：元

| | | | |
|---|---|---|---|
| 固定资产编号 | 0403 | 固定资产名称 | 装配分厂其他 |
| 类别编号 | 04 | 类别名称 | 电子设备及其他 |
| 部门名称 | 装配分厂 | 增加方式 | 直接购入 |
| 使用状况 | 在用 | 使用年限 | 3年 |
| 折旧方法 | 平均年限法（二） | 开始使用日期 | 2021-11-09 |
| 原值 | 400 000 | 累计折旧 | 259 200 |

卡片编号：00013　　　　金额单位：元

| | | | |
|---|---|---|---|
| 固定资产编号 | 0104 | 固定资产名称 | 机修分厂厂房 |
| 类别编号 | 01 | 类别名称 | 房屋及建筑物 |
| 部门名称 | 机修分厂 | 增加方式 | 在建工程转入 |
| 使用状况 | 在用 | 使用年限 | 20年 |
| 折旧方法 | 平均年限法（二） | 开始使用日期 | 2021-05-07 |
| 原值 | 130 000 | 累计折旧 | 15 600 |

卡片编号：00014　　　　金额单位：元

| | | | |
|---|---|---|---|
| 固定资产编号 | 0207 | 固定资产名称 | 机修分厂生产线 |
| 类别编号 | 02 | 类别名称 | 机器设备 |
| 部门名称 | 机修分厂 | 增加方式 | 直接购入 |
| 使用状况 | 在用 | 使用年限 | 10年 |
| 折旧方法 | 平均年限法（二） | 开始使用日期 | 2022-04-05 |
| 原值 | 120 000 | 累计折旧 | 17 784 |

卡片编号：00015　　　　金额单位：元

| | | | |
|---|---|---|---|
| 固定资产编号 | 0105 | 固定资产名称 | 配电分厂厂房 |
| 类别编号 | 01 | 类别名称 | 房屋及建筑物 |
| 部门名称 | 配电分厂 | 增加方式 | 在建工程转入 |
| 使用状况 | 在用 | 使用年限 | 20年 |
| 折旧方法 | 平均年限法（二） | 开始使用日期 | 2021-05-05 |
| 原值 | 150 000 | 累计折旧 | 18 000 |

卡片编号：00016　　　　金额单位：元

| | | | |
|---|---|---|---|
| 固定资产编号 | 0208 | 固定资产名称 | 配电分厂生产线 |
| 类别编号 | 02 | 类别名称 | 机器设备 |
| 部门名称 | 配电分厂 | 增加方式 | 直接购入 |
| 使用状况 | 在用 | 使用年限 | 10年 |
| 折旧方法 | 平均年限法（二） | 开始使用日期 | 2022-03-05 |
| 原值 | 200 000 | 累计折旧 | 31 200 |

卡片编号：00017　　　　金额单位：元

| | | | |
|---|---|---|---|
| 固定资产编号 | 0106 | 固定资产名称 | 厂部用房屋 |
| 类别编号 | 01 | 类别名称 | 房屋及建筑类 |
| 部门名称 | 厂办 | 增加方式 | 在建工程转入 |
| 使用状况 | 在用 | 使用年限 | 20年 |
| 折旧方法 | 平均年限法（二） | 开始使用日期 | 2020-07-05 |
| 原值 | 1 400 000 | 累计折旧 | 224 000 |

卡片编号：00018　　　　金额单位：元

| | | | |
|---|---|---|---|
| 固定资产编号 | 0209 | 固定资产名称 | 厂部用办公设备 |
| 类别编号 | 02 | 类别名称 | 机器设备 |
| 部门名称 | 厂办 | 增加方式 | 直接购入 |
| 使用状况 | 在用 | 使用年限 | 10年 |
| 折旧方法 | 平均年限法（二） | 开始使用日期 | 2020-12-05 |
| 原值 | 400 000 | 累计折旧 | 109 200 |

卡片编号：00019　　　　金额单位：元

| | | | |
|---|---|---|---|
| 固定资产编号 | 0210 | 固定资产名称 | 装配分厂生产线（新） |
| 类别编号 | 02 | 类别名称 | 机器设备 |
| 部门名称 | 装配分厂 | 增加方式 | 直接购入 |
| 使用状况 | 在用 | 使用年限 | 10年 |
| 折旧方法 | 平均年限法（二） | 开始使用日期 | 2023-10-15 |
| 原值 | 600 000 | 累计折旧 | 4 680 |

卡片编号：00020　　　　金额单位：元

| | | | |
|---|---|---|---|
| 固定资产编号 | 0211 | 固定资产名称 | 磨齿机 |
| 类别编号 | 02 | 类别名称 | 机器设备 |
| 部门名称 | 机加工分厂 | 增加方式 | 直接购入 |
| 使用状况 | 在用 | 使用年限 | 10年 |
| 折旧方法 | 平均年限法（二） | 开始使用日期 | 2021-03-05 |
| 原值 | 39 000 | 累计折旧 | 9 734.40 |

卡片编号：00021　　　　金额单位：元

| | | | |
|---|---|---|---|
| 固定资产编号 | 0107 | 固定资产名称 | 产成品仓库 |
| 类别编号 | 01 | 类别名称 | 房屋及建筑物 |
| 部门名称 | 装配分厂 | 增加方式 | 在建工程转入 |
| 使用状况 | 在用 | 使用年限 | 20年 |
| 折旧方法 | 平均年限法（二） | 开始使用日期 | 2020-11-05 |
| 原值 | 116 500 | 累计折旧 | 16 776 |

卡片编号：00022　　　　金额单位：元

| | | | |
|---|---|---|---|
| 固定资产编号 | 0301 | 固定资产名称 | 轿车 |
| 类别编号 | 04 | 类别名称 | 运输工具 |
| 部门名称 | 厂办 | 增加方式 | 直接购入 |
| 使用状况 | 未使用 | 使用年限 | 4年 |
| 折旧方法 | 平均年限法（二） | 开始使用日期 | 2021-06-05 |
| 原值 | 474 500 | 累计折旧 | 276 643.39 |

## （六）工资系统初始设置

1.账套信息

工资类别个数：单个

不代扣个人所得税

不扣零

人员编码长度：4

2.人员类别设置

厂部管理

铸造生产（车床）

铸造生产（铣床）

铸造分厂管理

机加工生产（车床）

机加工生产（铣床）

机加工分厂管理

装配生产（车床）

装配生产（铣床）

装配分厂管理

机修分厂

配电分厂

3.人员档案设置

参照总账系统人员档案设置。

4.工资项目设置

| 工资项目名称 | 类型 | 长度 | 小数 | 增减项 |
|---|---|---|---|---|
| 应付合计 | 数字 | 8 | 2 | 增项 |
| 实发合计 | 数字 | 8 | 2 | 增项 |
| 基本工资 | 数字 | 8 | 2 | 增项 |
| 综合奖金 | 数字 | 8 | 2 | 增项 |
| 津贴 | 数字 | 8 | 2 | 增项 |
| 缺勤扣款 | 数字 | 8 | 2 | 减项 |
| 养老保险 | 数字 | 8 | 2 | 减项 |
| 医疗保险 | 数字 | 8 | 2 | 减项 |
| 失业保险 | 数字 | 8 | 2 | 减项 |
| 住房公积金 | 数字 | 8 | 2 | 增项 |
| 个人所得税 | 数字 | 8 | 2 | 增项 |

5.计算公式

应发合计=基本工资+综合奖金+津贴-缺勤扣款

实发合计=应发合计-养老保险-医疗保险-失业保险-住房公积金-个人所得税

## （七）日常业务处理

1.总账和固定资产业务处理资料

参照手工会计部分业务资料。

2. 工资日常处理资料

（1）本月工资数据

单位：元

| 人员姓名 | 基本工资 | 综合奖金 | 津贴 | 缺勤扣款 | 应发工资 | 养老保险 | 医疗保险 | 失业保险 | 住房公积金 | 个人所得税 | 实发工资 |
|---|---|---|---|---|---|---|---|---|---|---|---|
| 王兴海 | 15 000 | 800 | | | 15 800 | 1 264 | 316 | 79 | 1 896 | 217 | 12 028 |
| 王宏伟 | 3 000 | 605 | | | 3 605 | 288 | 72 | 18 | 433 | | 2 794 |
| 李大海 | 2 700 | 605 | | | 3 305 | 264 | 66 | 17 | 397 | | 2 561 |
| 李立峰 | 3 000 | 605 | | | 3 605 | 288 | 72 | 18 | 433 | | 2 794 |
| 高林 | 8 000 | 800 | | | 8 800 | 704 | 176 | 44 | 1 056 | 55 | 6 765 |
| 于波 | 5 000 | 300 | | | 5 300 | 424 | 106 | 27 | 636 | | 4 107 |
| 陈晓艺 | 2 500 | 100 | | | 2 600 | 208 | 52 | 13 | 312 | | 2 015 |
| 金迪 | 2 800 | 100 | | | 2 900 | 232 | 58 | 15 | 348 | | 2 247 |
| 张昌江 | 5 000 | 300 | | | 5 300 | 424 | 106 | 27 | 636 | | 4 107 |
| 高国有 | 4 000 | 200 | | | 4 200 | 336 | 84 | 21 | 504 | | 3 255 |
| 尚文 | 3 400 | 100 | | | 3 500 | 280 | 70 | 18 | 420 | | 2 712 |
| 赵宏 | 3 500 | 1 400 | | | 4 900 | 392 | 98 | 25 | 588 | | 3 797 |
| 王强 | 4 000 | 2 865 | 1 000 | | 7 865 | 629 | 157 | 39 | 944 | 33 | 6 063 |
| 张涛 | 5 500 | 300 | | | 5 800 | 464 | 116 | 29 | 696 | | 4 495 |
| 宋华文 | 5 000 | 300 | | | 5 300 | 424 | 106 | 27 | 636 | | 4 107 |
| 张涛江 | 3 000 | 200 | | | 3 200 | 256 | 64 | 16 | 384 | | 2 480 |
| 宋波 | 2 800 | 200 | | | 3 000 | 240 | 60 | 15 | 360 | | 2 325 |
| 高军辉 | 2 500 | 200 | | | 2 700 | 216 | 54 | 14 | 324 | | 2 092 |
| 王平 | 2 500 | 100 | | | 2 600 | 208 | 52 | 13 | 312 | | 2 015 |
| 王小刚 | 9 000 | 1 320 | 880 | | 11 200 | 896 | 224 | 56 | 1 344 | 110 | 8 570 |
| 王洪 | 7 000 | 1 520 | 880 | | 9 400 | 752 | 188 | 47 | 1 128 | 69 | 7 216 |
| 刘伟 | 7 500 | 1 300 | 880 | | 9 680 | 774 | 194 | 48 | 1 162 | 75 | 7 427 |
| 李新 | 7 500 | 1 300 | 880 | | 9 680 | 774 | 194 | 48 | 1 162 | 75 | 7 427 |
| 赵亮 | 7 200 | 1 300 | 1 080 | | 9 580 | 766 | 192 | 48 | 1 150 | 73 | 7 351 |
| 赵钢 | 6 500 | 1 280 | 1 000 | | 8 780 | 702 | 176 | 44 | 1 054 | 54 | 6 750 |
| 高华强 | 6 500 | 1 280 | 800 | | 8 580 | 686 | 172 | 43 | 1 030 | 49 | 6 600 |
| 李刚 | 3 000 | 1 100 | 300 | 200 | 4 200 | 336 | 84 | 21 | 504 | | 3 255 |
| 王波 | 9 500 | 3 940 | 2 500 | | 15 940 | 1 275 | 319 | 80 | 1 913 | 221 | 12 132 |
| 李立凤 | 8 000 | 3 840 | 2 500 | | 14 340 | 1 147 | 287 | 72 | 1 721 | 183 | 10 930 |
| 杨钊旭 | 8 000 | 4 120 | 2 000 | | 14 120 | 1 130 | 282 | 71 | 1 694 | 178 | 10 765 |
| 王刚 | 8 000 | 3 640 | 2 000 | | 13 640 | 1 091 | 273 | 68 | 1 637 | 167 | 10 404 |
| 刘方运 | 7 500 | 3 640 | 2 000 | | 13 140 | 1 051 | 263 | 66 | 1 577 | 155 | 10 028 |
| 王力 | 7 500 | 3 640 | 2 000 | | 13 140 | 1 051 | 263 | 66 | 1 577 | 155 | 10 028 |
| 姜文 | 7 500 | 3 840 | 3 000 | | 14 340 | 1 147 | 287 | 72 | 1 721 | 183 | 10 930 |

续表

| 人员姓名 | 基本工资 | 综合奖金 | 津贴 | 缺勤扣款 | 应发工资 | 养老保险 | 医疗保险 | 失业保险 | 住房公积金 | 个人所得税 | 实发工资 |
|---|---|---|---|---|---|---|---|---|---|---|---|
| 魏刚 | 2 800 | 450 | 400 | | 3 650 | 292 | 73 | 18 | 438 | | 2 829 |
| 梁青 | 10 000 | 3 240 | 2 400 | | 15 640 | 1 251 | 313 | 78 | 1 877 | 214 | 11 907 |
| 贾力 | 8 500 | 3 140 | 2 350 | | 13 990 | 1 119 | 280 | 70 | 1 679 | 175 | 10 667 |
| 赵军 | 8 500 | 3 140 | 2 350 | | 13 990 | 1 119 | 280 | 70 | 1 679 | 175 | 10 667 |
| 赵岩 | 8 000 | 3 140 | 2 350 | | 13 490 | 1 079 | 270 | 67 | 1 619 | 164 | 10 291 |
| 李娜 | 8 000 | 3 210 | 2 400 | | 13 610 | 1 089 | 272 | 68 | 1 633 | 166 | 10 382 |
| 陈卫 | 8 000 | 3 240 | 2 400 | | 13 640 | 1 091 | 273 | 68 | 1 637 | 167 | 10 404 |
| 周浩 | 2 500 | 285 | 200 | | 2 985 | 239 | 60 | 15 | 358 | | 2 313 |
| 王文丽 | 3 000 | 740 | 300 | | 4 040 | 323 | 81 | 20 | 485 | | 3 131 |
| 宋林广 | 3 500 | 467 | 300 | | 4 267 | 341 | 85 | 21 | 512 | | 3 308 |
| 张春风 | 2 800 | 460 | 400 | | 3 660 | 293 | 73 | 18 | 439 | | 2 837 |
| 合计 | 259 000 | 68 652 | 39 550 | 200 | 367 002 | 29 355 | 7 343 | 1 838 | 44 045 | 3 113 | 281 308 |

（2）工资分摊基数设置

工资分摊按应付工资总额进行分摊，具体对应科目如下：

| 部门 | 类别 | 借方（工资分摊科目编码） | 贷方（工资科目编码） |
|---|---|---|---|
| 厂办 | 厂部管理 | 660201 | 221101 |
| 财务科 | 厂部管理 | 660201 | 221101 |
| 行政科 | 厂部管理 | 660201 | 221101 |
| 销售科 | 厂部管理 | 660201 | 221101 |
| 供应科 | 厂部管理 | 660201 | 221101 |
| 技术科 | 厂部管理 | 660201 | 221101 |
| 设备科 | 厂部管理 | 660201 | 221101 |
| 仓库 | 厂部管理 | 660201 | 221101 |
| 铸造分厂 | 铸造生产（车床） | 5001010101 | 221101 |
| 铸造分厂 | 铸造生产（铣床） | 5001010102 | 221101 |
| 铸造分厂 | 铸造分厂管理 | 510101 | 221101 |
| 机加工分厂 | 机加工生产（车床） | 5001010201 | 221101 |
| 机加工分厂 | 机加工生产（铣床） | 5001010202 | 221101 |
| 机加工分厂 | 机加工分厂管理 | 510102 | 221101 |
| 装配分厂 | 装配生产（车床） | 5001010301 | 221101 |
| 装配分厂 | 装配生产（铣床） | 5001010302 | 221101 |
| 装配分厂 | 装配分厂管理 | 510103 | 221101 |
| 机修分厂 | 机修分厂 | 50010201 | 221101 |
| 配电分厂 | 配电分厂 | 50010202 | 221101 |

## 三 实训要求

（一）设置光华机床有限公司的账套资料

（二）操作员及权限设置

（三）基础信息设置

（四）总账系统初始化设置

（五）固定资产系统初始化设置

（六）薪资管理系统初始化设置

（七）根据上述业务资料及原始凭证填制记账凭证，职工薪酬和固定资产业务分别在薪资管理系统和固定资产系统处理，向总账系统传递凭证

（八）对填制的记账凭证进行审核、记账

（九）练习对各种账簿查询

（十）月末结账

（十一）编制资产负债表和利润表